新媒体短视频全攻略

刘东明 ◎ 编著

前期拍摄 ＋ 后期处理 ＋ 广告变现 ＋ 营销推广

人民邮电出版社
北京

图书在版编目（CIP）数据

新媒体短视频全攻略：前期拍摄+后期处理+广告变现+营销推广／刘东明编著．-- 北京：人民邮电出版社，2018.11（2021.1重印）
ISBN 978-7-115-49142-8

Ⅰ．①新… Ⅱ．①刘… Ⅲ．①视频—营销 Ⅳ．①F713.3

中国版本图书馆CIP数据核字（2018）第190034号

内 容 提 要

哪6种设备拍摄短视频最好？哪10种视频构图最具美感？哪6款视频拍摄App最热门？哪10款后期App最好用？本书以快手、今日头条、淘宝、微商4类应用平台为例，一站式介绍了视频的"前期拍摄+后期处理+发布分享"。

全书揭秘了15种变现方法，列举了18个平台变现实例，展示了17个营销推广的技巧，助你精通短视频的赚钱之道，并通过12章专题、100多个专家指点，帮您轻松打造人气爆棚的新媒体短视频，成为新媒体短视频达人。

本书适合自媒体运营人员，新媒体平台工作人员，进行微商营销与运营的个体、企业，对短视频感兴趣、想要靠此赢利的人，营销、推广领域的从业人员，以及淘宝卖家、个体店家等学习和使用。随书提供操作案例的素材文件和效果文件，方便读者边学习边练习，提高学习效率，快速掌握短视频的制作方法。

◆ 编　著　刘东明
　　责任编辑　张丹阳
　　责任印制　陈　犇

◆ 人民邮电出版社出版发行　北京市丰台区成寿寺路11号
邮编　100164　电子邮件　315@ptpress.com.cn
网址　http://www.ptpress.com.cn
北京博海升彩色印刷有限公司印刷

◆ 开本：700×1000　1/16
印张：18
字数：461千字　　　2018年11月第1版
印数：22 001-23 500册　2021年1月北京第15次印刷

定价：69.00元

读者服务热线：(010)81055410　印装质量热线：(010)81055316
反盗版热线：(010)81055315
广告经营许可证：京东市监广登字 20170147 号

前言

"新媒体"一词的兴起,源于互联网、移动互联网及移动设备等的发展,而新媒体短视频也是由此而产生的。各大新媒体平台的发展、壮大,对人们的生活方式产生了深远的影响,同时也颠覆了传统的营销方式。尤其是近年来,短视频这一模式开始盛行,不论是社交类平台、资讯类客户端还是电商行业,都不约而同地开始通过短视频展示内容。一是因为图文等形式已经远远不能满足受众的需求,二是因为短视频更加直观、生动,可以和其他的营销模式结合,从而实现赢利。

虽然大部分人已经意识到了短视频是新媒体行业赢利的好方法,但是很少有人专门就新媒体短视频进行深入而系统的研究。

为了全面介绍新媒体平台涉及的有关短视频的知识,为读者提供实质性的帮助,笔者通过对比不同新媒体平台的特征与优势,决定从前期"拍摄""后期处理""广告变现""营销推广"这4个角度,对新媒体短视频的各方面知识进行介绍。

▶ 内容特色

本书以干货为主,精心提炼了新媒体短视频营销实战中的123个实用诀窍,为想要通过短视频赢利的人群提供好学好用的技巧。在这里,笔者结合本书,整理、筛选出20个精华知识点,供大家参考。

第1个:短视频营销的优势主要体现在7个方面,即互动多、成本低、效果强、指向性强、传播快、"存活"久、可衡量。因此要了解其优势,以便更好地掌握短视频营销的大方向。

第2个:在拍摄短视频之前,要准备好相关的设备,其中最重要的就是拍摄设备,如智能手机、单反相机、摄像机等。此外,可能会用到三脚架、手机云台、麦克风、轨道车及无人机等辅助设备。

第3个:在拍摄短视频时,构图也是重要的拍摄技巧之一,根据拍摄对象选择构图方式是必不可少的环节。如果拍摄的主体只有一个,可以采用中心构图的方式来拍摄视频;如果既想突出视频的拍摄主体,又想带给观众舒适的视觉体验,则可以采用黄金分割的构图方式。

第4个:在通过手机拍摄视频时,由于自身的运动,仅仅依靠单手或双手为手机做支撑,往往很难保证手机视频画面的稳定。为了避免这样的问题,可以借助手机视频稳拍器或者手机支架。

第5个:在拍摄短视频的过程中,除了要清晰地展现出视频拍摄的主体之外,还要明确地体现出视频想要表达的主题。主题的表达往往依赖拍摄主体、陪衬物、环境及时间的选择,根据主题的不同制定相关的标准即可。

第6个:短视频的拍摄一般要遵循5个步骤,即团队组建、剧本策划、视频拍摄、剪辑包装、上传发布。只有按照步骤有条不紊地进行,才能通过短视频成功赚取利润。

第7个:在通过手机拍摄短视频时,有4种拍摄经验可以借鉴。一是通过设置分辨率轻松获得高清画质;二是根据拍摄对象的风格选择不同的画幅;三是及时清理镜头,避免画面模糊;四是在拍摄时尽量保持安静的氛围,不要发出声音,以保证视频拍摄的质量。

第8个:如果是通过手机自拍短视频,那么可以采用"自拍杆+遥控"或者"自拍杆+蓝牙"的方法轻松完成拍摄;同时还可以通过"猫咪模式""搞怪表情""特殊发饰"等增添短视频的趣味,使其更加生动活泼。

第9个:短视频的后期处理通常包括素材的导入、滤镜的添加、背景音乐的加入、字幕的点缀、动画贴纸的添加、转场效果的加入及特效的添加等过程,每一步都是为短视频增光添彩的重要环节,缺一不可。

第10个:短视频的电商变现分为两种模式,一种是自营电商的变现,如一条、京东,这种模式的好处是一体化营销,高效便利;另一种是第三方店铺的变现,如淘宝卖家,这类短视频的形式更为常见,同时也比较直观。

第11个：短视频的广告变现主要包括5种方式，即冠名商广告、品牌广告、贴片广告、浮窗Logo以及广告植入。其中，广告植入的方式又包括台词植入、音效植入、剧情植入、场景植入、道具植入及奖品提供等5种。这些都是比较常见的，同时也是容易被忽略的广告变现模式。

第12个：除了主流的变现方式之外，还有平台分成、平台补贴、版权收入及企业融资等变现技巧。很多平台为短视频创作者提供分成和补贴，但值得注意的是，这并不是短视频赢利的根本出路。

第13个：微博平台的自媒体收益主要来自两大方面，一是广告收益，二是内容收益。内容收益又可细分为3种类型，即付费订阅、微博打赏及微博问答。如果用户想在微博平台上通过短视频赢利，就要从内容开始抓起。

第14个：不同的视频平台有着不同的收益分配方式。本书提到的8个在线视频平台的收益分配方式就不尽相同，但总的来看，平台分成、平台补贴及赞助打赏是大多数平台的主要模式。因此，想要通过短视频赢利的人可以对不同在线视频平台的收益分配方式进行比较，从而选择比较合适的平台创作短视频。

第15个：移动短视频平台的层出不穷在一定程度上推动了短视频的发展，但同时也面临变现难的问题。各大移动短视频平台都在寻求自己的变现方式，例如创作者在美拍上的主要收益来自粉丝打赏，在快手上是与直播相结合，从礼物中赚取利润，在火山小视频上目前则是依赖平台补贴。

第16个：营销型的短视频要想吸引大众的眼球，就要遵循3个原则：一是根据内容的不同选择合适的发布时间；二是深挖背景，打造富含情感的品牌故事；三是创意营销，有效增强短视频的趣味性。

第17个：短视频如何快速引爆流量？书中介绍了4种方法，即打造不可复制的内容，让观众感到不可思议；紧跟热点，全力包装打造短视频；制造话题，通过噱头炒作短视频；添加幽默搞笑的元素，让快乐感染每一个人。

第18个：在对短视频进行推广时，可以借助6种渠道，即同步推广、媒体推广、站外推广、贴吧推广、论坛推广及社群推广。不同的推广渠道各有利弊，根据实际情况选择即可。

第19个：短视频营销要想达到理想的效果，有几大策略可以借鉴，例如，制作好视频后进行有针对性的推广，再结合受众的特点进行营销；采用"AISWS"的经典运营模式，也就是Attention（注意）、Interest（关注）、Search（搜索）、Watch（观看）、Share（分享）；整合营销模式，例如促使美拍上的短视频和品牌的广告达成合作等。玩法有很多，关键看怎么玩。

第20个：短视频的营销变现有很多新玩法，如短视频+AR、短视频+VR、短视频+H5等，这些也是今后短视频的发展值得一试的方向。这不仅是短视频功能不断向前发展的体现，同时也是短视频营销变现的潜在趋势。

■ 配套资源

随书提供操作案例的素材文件和效果文件，可扫描"资源下载"二维码，关注"数艺社"微信公众号，获得资源文件下载方式。如需资源下载技术支持，请致函szys@ptpress.com.cn。

资源下载

编者
2018年8月

目 录

第 1 章
入门知识，对短视频营销说"你好"

1.1 学习预热，本书的4个要点 10
    1.1.1 读者定位——提供给哪种类型的人群阅读 10
    1.1.2 内容定位——能够带来哪些重要的知识点 10
    1.1.3 特色定位——为什么要选择这本书 11
    1.1.4 写作思路——为怎样阅读这本书提供参考 11
1.2 三大基础，教你从头开始认识短视频 ..11
    1.2.1 短视频——全新定义的影音结合体 12
    1.2.2 短视频营销——非同一般的营销模式..13
    1.2.3 发展历程——短视频营销的"前世今生" 14
1.3 7个优势，彰显短视频营销的魅力 ... 19
    1.3.1 互动多——交流沟通赢得好感 19
    1.3.2 成本低——传播维护简单可行 20
    1.3.3 效果赞——购买方式快捷方便 21
    1.3.4 指向性强——精准营销找对受众 ... 22
    1.3.5 传播快——迅速转发激起兴趣 23
    1.3.6 "存活"久——搜索引擎助力排名提升 24
    1.3.7 可衡量——营销效果在掌握之中 ... 25
1.4 8种类型，焕发短视频的夺目光彩 26
    1.4.1 网络视频广告——分秒必争的营销武器 26
    1.4.2 宣传片——打造良好口碑的绝妙工具 27
    1.4.3 品牌活动视频——主题鲜明的视频内容 30
    1.4.4 系列短片——环环相扣的黏性视频 31
    1.4.5 微电影——让人身临其境的故事情节..34
    1.4.6 UGC视频——自给自足的个性创意 34

第 2 章
拍摄技巧，轻松拍出大片范儿

2.1 6种设备，拍摄短视频的上佳选择 37
    2.1.1 智能手机——入门小白的必备神器 37
    2.1.2 单反相机——业余人士的得力助手 38
    2.1.3 摄像机——专业设备拍出高水准 42
    2.1.4 麦克风——动听音质引众人尖叫 43
    2.1.5 轨道车——在移动中拍出大片效果 45
    2.1.6 无人机——从不同的角度看世界..... 46
2.2 10种构图，凸显短视频的最佳美感... 47
    2.2.1 中心构图——重点突出、主体明确 47
    2.2.2 三分线构图——画面紧凑、平衡协调... 48
    2.2.3 前景构图——富有层次、对象醒目 49
    2.2.4 仰拍构图——细微区别、各有其美 49
    2.2.5 光线构图——不同角度、光影艺术 50
    2.2.6 景深构图——光圈调节、效果对比 52
    2.2.7 九宫格构图——均衡画面、自然生动... 55
    2.2.8 黄金分割构图——观感舒适、美的享受 56
    2.2.9 透视构图——延伸成点、立体感强 57
    2.2.10 圆形构图——规整唯美、不拘一格... 58
2.3 两大技巧，实战中不可不知的秘诀 ...59
    2.3.1 巧借设备——拍出短视频的质感..... 59
    2.3.2 对象选择——拍出短视频的中心..... 61
2.4 5个步骤，让短视频拍摄成为小菜一碟... 63
    2.4.1 团队组建——关于"人"的选择..... 64
    2.4.2 剧本策划——有关"内容"的打造 65
    2.4.3 视频拍摄——正式"开拍"重实践 65
    2.4.4 剪辑包装——后期制作显"光彩"..66
    2.4.5 上传发布——与人"分享"的快乐 67

第 3 章
手机平台，玩转短视频拍摄

3.1 6个热门应用，助力短视频拍摄更上一层楼 69
    3.1.1 美拍App——多种选择、简单可行 69
    3.1.2 "Faceu激萌"App——表情自拍、百变精灵 71
    3.1.3 "抖音短视频"App——专注于音乐、动感节奏 72
    3.1.4 "火山小视频"App——多种特效、量身打造 74

3.1.5 "秒拍" App——文艺潮流、悬赏玩法 ... 75
3.1.6 "逗行" App——幽默搞笑、H5制作 76
3.2 5种拍摄诀窍，于细节处窥出作品成败 ... 78
　3.2.1 设置分辨率——轻松获得高清画质 78
　3.2.2 选择尺寸——不同风格不同画幅 ... 81
　3.2.3 保持稳定——避免画面晃动模糊 ... 83
　3.2.4 清理镜头——保持画面的洁净度 ... 85
　3.2.5 设置静音——尽量保持安静氛围 ... 87
3.3 5种自拍新招，简单操作打造唯美效果 ... 87
　3.3.1 "自拍杆+遥控"——便捷舒适的高性价比之选 ... 88
　3.3.2 "自拍杆+蓝牙"——解放双手的超稳定拍法 ... 89
　3.3.3 猫咪模式——让可爱俏皮自然流露 ... 89
　3.3.4 搞怪表情——让快乐感染每一个人 ... 90
　3.3.5 特殊发饰——让美丽气质自由绽放 ... 91

第 4 章
后期软件，打造史诗级作品

4.1 5种后期App，移动端的视频加工法宝 ... 93
　4.1.1 小影——强大特效打造与众不同的风格 ... 93
　4.1.2 乐秀——系统专业的功能炼就惊人作品 ... 94
　4.1.3 FilmoraGo——颜值与实力并存的个性化工具 ... 95
　4.1.4 巧影——细致入微完善人性化制作界面 ... 97
　4.1.5 KineMix——简洁界面赢得众星捧月般的支持 ... 98
4.2 5种后期电脑软件，电脑端的视频剪辑帮手 ... 99
　4.2.1 会声会影——功能全面、新手必备 99
　4.2.2 Premiere——专业水准、应用广泛 ... 101
　4.2.3 快剪辑——一站到底、小白新宠 ... 102
　4.2.4 爱剪辑——全能免费、大众审美 ... 102
　4.2.5 PPT——批量制作、快速便捷 ... 104
4.3 5种辅助工具，以细节打磨出精彩的短视频 ... 106

4.3.1 Photoshop——让炫酷的封面为你添彩 ... 106
4.3.2 秀米——让排版不再成为大难题 ... 108
4.3.3 红蜻蜓抓图精灵——让屏幕捕捉更富有趣味 ... 110
4.3.4 GifCam——让GIF录像变得简单可行 111
4.3.5 PhotoZoom——让图片无损放大散发魅力 ... 112

第 5 章
快手App，《举腕之间，气宇不凡》显大气

5.1 前期拍摄，一手打造高质量作品 ... 117
　5.1.1 拍前准备，有条不紊一气呵成 ... 117
　5.1.2 具体拍法，精确到位细节为重 ... 120
5.2 后期制作，借助工具渲染短视频 ... 123
　5.2.1 导入视频，为后续操作提供便利 ... 123
　5.2.2 添加滤镜，使画面效果让人眼前一亮 ... 125
　5.2.3 背景音乐，动人心弦的必然选择 ... 128
　5.2.4 精准字幕，丰富信息的定位传递 ... 130
　5.2.5 动画贴纸，逸趣横生的附加元素 ... 136
　5.2.6 转场效果，让人目不转睛的惊喜 ... 139
　5.2.7 加入特效，特定氛围的精心营造 ... 141
5.3 发布分享，多渠道传播优质内容 ... 145
　5.3.1 导出保存，微小细节不容忽视 ... 145
　5.3.2 发布分享，定向选择找准渠道 ... 146

第 6 章
今日头条，《手机摄影高手真经》明特色

6.1 前期拍摄，精心筹划视频进程 ... 151
　6.1.1 拍前准备，一应俱全不慌不乱 ... 151
　6.1.2 具体拍法，构图场景面面俱到 ... 152
6.2 后期处理，依据步骤循序渐进 ... 153
　6.2.1 导入素材，关键环节必不可少 ... 154
　6.2.2 背景动画，丰富视效打动人心 ... 156
　6.2.3 片头特效，让人眼花缭乱惹人注目 ... 157
　6.2.4 覆叠画面，绝佳搭配天衣无缝 ... 160

6.2.5 字幕效果，传情达意不在话下......161
6.2.6 背景音效，魅力大增回味无穷......162
6.3 发布分享，瞄准目标一步到位......163
 6.3.1 渲染输出，格式大小不可忽视......163
 6.3.2 上传分享，宣传推广精彩视频......164

第 7 章
淘宝平台，《手腕爱恋》绽放手腕光芒

7.1 前期拍摄，准备充分胸有成竹......167
 7.1.1 拍前准备，硬件软件缺一不可......167
 7.1.2 具体拍法，细枝末节都应重视......168
7.2 后期制作，精心孕育大有可为......169
 7.2.1 导入视频，丰富素材打好基础......170
 7.2.2 背景画面，作为配角陪衬主体......170
 7.2.3 画中画，朦胧效果增强画面感......171
 7.2.4 片头字幕，第一印象至关重要......173
 7.2.5 字幕动画，跳跃文字广泛吸睛......175
 7.2.6 背景音效，声声动人融入场景......176
7.3 发布分享，曝光效果扩大影响......177
 7.3.1 导出保存，画质清晰才是重点......177
 7.3.2 上传分享，一丝不苟步步为营......177

第 8 章
手机微商，《完美肌肤，自由畅享》彰新意

8.1 前期拍摄，准备有序井井有条......183
 8.1.1 拍前准备，事无巨细安排妥当......183
 8.1.2 具体拍法，构图角度谨慎考虑......185
8.2 后期处理，认真细致大放光彩......185
 8.2.1 导入视频，片头正片缺一不可......185
 8.2.2 画面调节，视觉效果惊艳众人......186
 8.2.3 字幕特效，商品特性一目了然......188
 8.2.4 滤镜添加，助力产品散发魅力......189
 8.2.5 变焦转场，吸引观众目不转睛......191
 8.2.6 背景音乐，轻而易举丰富听效......192
 8.2.7 动画贴纸，适当添加趣味横生......193
8.3 发布分享，一鼓作气针对推广......194

第 9 章
变现秘诀，15种方法任你选择

9.1 电商变现，垂直细分打造赢利堡垒...198
 9.1.1 自营电商，一体化营销赢收益...198
 9.1.2 第三方店铺，直观化展示互利共赢...200
9.2 第三方广告，高效引流达成变现目标...203
 9.2.1 冠名商广告，直截了当亮出品牌...203
 9.2.2 浮窗Logo，广告效果利弊兼具...204
 9.2.3 广告植入，形式多样创意十足...205
 9.2.4 贴片广告，紧随内容优势显著...208
 9.2.5 品牌广告，量身打造高效变现...209
9.3 标签化IP，人气满满轻松获取利润...209
 9.3.1 直播，粉丝送礼物直接赢利...210
 9.3.2 MCN，机构化运营专业变现...211
9.4 知识付费，干货内容引得众人追捧...213
 9.4.1 细分专业咨询，用户更愿意买单...213
 9.4.2 在线课程教授，知识属性更强大...214
9.5 大咖式变现，衍生模式也可成功获利...215
 9.5.1 流量分成，变现的基本保障...216
 9.5.2 平台补贴，诱人的资金策略...217
 9.5.3 版权收入，巧妙的变现模式...218
 9.5.4 企业融资，侧面的赢利方法...219

第 10 章
平台变现，18个热门平台全解析

10.1 资讯客户端，广告分成是大势所趋...221
 10.1.1 百家号，3类收益赢利润...........221
 10.1.2 今日头条，6种方式巧赢利.........222
 10.1.3 一点资讯，"点金计划"获收益...223
 10.1.4 企鹅媒体平台，流量补贴要求高...225
 10.1.5 网易号媒体平台，星级制度得分成...226
10.2 移动短视频，粉丝积累是重中之重...227
 10.2.1 美拍，粉丝打赏助一臂之力......227
 10.2.2 快手，礼物赠送获取大利润......228
 10.2.3 抖音，直播功能引粉丝赞助......229
 10.2.4 火山小视频，火力全开收益可观...230
10.3 社交媒体，内容优质是首要条件...231

10.4 在线视频，收益来源集众家之长...233
 10.4.1 大鱼号，3种渠道获取收益........233
 10.4.2 腾讯视频，定向获得平台分成.....235
 10.4.3 搜狐视频，4种技巧收获回报.....235
 10.4.4 爱奇艺视频，主动申请平台分成 237
 10.4.5 哔哩哔哩，机智引导用户投币.....238
 10.4.6 乐视视频，联系客服得到分成.....239
 10.4.7 第一视频，打赏收益门槛较高.....239
 10.4.8 爆米花视频，上传内容即可获取收益...240

第11章
营销技巧，将短视频推向广阔市场

11.1 营销型短视频，提升产品转化率...242
 11.1.1 初次见面，认识营销型短视频的魅力...242
 11.1.2 4个特点，帮助企业树立形象和品牌...243
 11.1.3 4个优势，成功赢得用户支持和青睐...245
 11.1.4 不同内容，选择合适合理的发布时间...248
 11.1.5 深挖背景，打造富含情感的品牌故事...249
 11.1.6 创意营销，有效增强短视频的趣味性...250

11.2 病毒型短视频，快速引爆流量......251
 11.2.1 初步了解病毒型短视频传播之快 251
 11.2.2 4个特征，让短视频呈病毒式扩散....253
 11.2.3 高超表演，让观众感到不可思议 254
 11.2.4 借助热点，全力包装打造短视频 255
 11.2.5 制造话题，通过噱头炒作短视频 256
 11.2.6 幽默搞笑，让快乐感染每一个人 257

11.3 微电影短视频，增强品牌认同感...257
 11.3.1 初来乍到，何谓微电影短视频...258
 11.3.2 3个特点，一语道破真实本质....258
 11.3.3 丰富剧情，更加吸引观众目光...260
 11.3.4 趣味情节，各种元素抓人眼球...261
 11.3.5 热点话题，全面引发大众热议...262
 11.3.6 明星效应，轻松获得粉丝追捧...263

第12章
营销推广，踏上视频变现崭新之路

12.1 6种渠道，让推广变得轻而易举...265
 12.1.1 同步推广，绑定平台一键搞定....265
 12.1.2 站外推广，简单操作一步到位....266
 12.1.3 贴吧推广，专属社区花样百出....268
 12.1.4 论坛推广，相同爱好针对性强....270
 12.1.5 社群推广，巨大流量有利可图....271
 12.1.6 媒体推广，方法老套效果显著....273

12.2 4个策略，让营销达到理想效果...274
 12.2.1 针对推广，轻松实现高效营销....274
 12.2.2 AISWS运营，5个步骤助力营销276
 12.2.3 整合营销，线上线下一起推广....277
 12.2.4 视频互动，生动有趣吸引注意....277
 12.2.5 效果分析，谨慎监测指导营销....278

12.3 7种玩法，让变现拥有更多可能...280
 12.3.1 短视频+直播，互利共赢打造营销....280
 12.3.2 短视频+自媒体，名利双收轻松引流...281
 12.3.3 短视频+电商，直观生动使人信服282
 12.3.4 短视频+跨界，整合资源塑造品牌283
 12.3.5 短视频+AR，新颖玩法惹人注目284
 12.3.6 短视频+VR，身临其境难以自拔287
 12.3.7 短视频+H5，完美结合助力营销288

第 1 章

入门知识，对短视频营销说"你好"

随着移动设备、移动互联网、社交媒体的兴起与发展，短视频开始走进大众的视野。与此同时，短视频营销也逐渐成长起来，本章将从三大基础、7个优势及8种类型等角度来介绍短视频及短视频营销，让大家有个初步的了解和认识。

1.1 学习预热，本书的4个要点

在进入正式的内容讲解之前，笔者要重点总结4个要点，即读者定位（写给谁看）、内容定位（写了什么）、特色定位（有何亮点）及写作思路（怎么去写）。

提供这些要点的原因有三：一是梳理写作思路，是笔者对自己的作品的审视和检查；二是提供阅读参考，笔者提供了什么内容，读者需要什么内容，一目了然；三是亮出特色招牌，为什么要选择这本书，笔者都能够一一道来。

1.1.1 读者定位——提供给哪种类型的人群阅读

读者定位，简单地说就是"写给谁看"。本书架构清晰，内容通俗易懂，笔者写这本书主要是为了向以下几类人提供系统的方法和实用的经验。

（1）**自媒体人、新媒体平台工作人员**。本书介绍了不少自媒体的变现方式，如电商变现、流量变现、广告变现等，同时还列举了多种新媒体平台的收益分配方式以供参考。

（2）**进行微商营销与运营的个体、企业**。本书以实例讲解的方式介绍了微商短视频制作的技巧，从怎么构思、构图、拍摄到后期处理，再到营销推广，一次性讲述清楚，纵向提供了方法和经验，是微商营销不可多得的指导利器。

（3）**想通过短视频赢利的人、想变成"网红"的短视频创作者**。本书介绍的知识比较全面，包括前期拍摄、后期处理、广告变现及营销推广，因此对于热爱拍摄短视频的人群而言，可以从书中学到不少知识，从而将兴趣变成赢利的手段，一举两得，两全其美。

（4）**营销、推广领域的从业人员**。本书涉及了不少如何通过短视频赢利的知识，适合从事营销推广的工作人员借鉴学习。

（5）**淘宝卖家、个体店家**。本书提供了电商短视频拍摄、处理技巧，以供卖家借鉴参考。

1.1.2 内容定位——能够带来哪些重要的知识点

内容定位即"写了什么"。本书分为4个板块，每个板块的内容环环相扣、层层递进，具体如图1-1所示。

板块	内容
前期拍摄	短视频类型、拍摄设备、流程、App、拍摄技巧、构图技法
后期处理	剪辑、场景、边框、水印、滤镜、转场、字幕、音乐、专题等，应有尽有
广告变现	电商变现、第三方广告、标签化IP、知识类付费、大咖式变现，一网打尽
营销推广	营销型短视频、病毒型短视频、微电影、推广渠道、营销策略、新玩法

图1-1 本书的大致内容

> **专家指点**
>
> 本书的内容以基础知识为基石,以实用知识为支柱,力求为读者提供实事求是的技巧和诀窍。
> 本书着重讲述的内容为"变现",这也是大部分读者迫切想要了解的内容。如何利用短视频变现?怎么成为人气爆棚的自媒体或是网络红人?如何通过短视频推销产品,获取利润?这些问题本书都会一一解答。

1.1.3 特色定位——为什么要选择这本书

特色定位也就是"有何亮点"。无论什么人,有自己的特色才能做到无可取代,书也是一样。本书的亮点在于以下几个方面。

(1) **一站式:** 系统、深度介绍新媒体短视频前期拍摄、后期处理、广告变现、营销推广等方面的知识,而且列举了典型平台案例,纵向分析从拍摄到营销的基本流程和技巧。

(2) **接地气:** 渗透各短视频领域,而且讲的都是贴近日常生活的短视频知识和技巧。

(3) **好上手:** 跨平台操作实战,包括手机、电脑端的新媒体短视频拍摄、剪辑、发布等实战案例,细致讲解了具体的操作流程,简单好学。

1.1.4 写作思路——为怎样阅读这本书提供参考

一本书,其实怎么写,在做选题策划时就应该有了大体框架,笔者的写作思路是以读者为中心的,力求命中读者的痛点和强需求点,从简单的基础知识讲起,之后才是实际案例的一站式操作,先是前期拍摄、后期处理,再进行变现和营销推广。那么,本书为何这样写呢?是否考虑到了读者的需求呢?读者拿到这本书又该怎么读呢?在这里,笔者想要提供几个阅读建议。

(1) 如果你不了解什么是短视频营销,只是单纯对短视频感兴趣,在平时的生活中热爱拍摄短视频,那么你可以从本书的第1章开始看起,层层深入,相信能够获得比较系统的感悟。

(2) 如果你本来就是新媒体行业的工作人员,或者对自媒体有初步的了解,那么你可以着重阅读本书的变现、推广章节。因为如今短视频虽然发展得如火如荼,但变现一直都是难题,看了本书对各大短视频平台的收益分配方式的解析,你说不定能有所感悟和收获,从而开辟出新型的变现方式。

(3) 如果你是淘宝卖家或者是微商从业者,那么你可以从实战演练切入,了解怎么一站式搞定短视频营销,这一定能让你大有收获。

总而言之,写作思路既是笔者对自己的总结,也是为读者提供的阅读建议,写的过程也是思考的过程,写书就像是搭积木,一层一层慢慢累积,只有搭得稳,才能建得高。因此,本书也秉持"稳、准、简"的原则,力争让读者学到干货、技巧,成功实现短视频变现的目标。

1.2 三大基础,教你从头开始认识短视频

"千里之行,始于足下",要想了解如何通过短视频进行营销,就需要对短视频及其相关知识有大致的了解和认识。对于短视频,大家可能已经耳熟能详,无论是在电脑端上网冲浪时,还是通过手机浏览各种社交软件及其他应用时,都会遇到短视频。那么,究竟什么是短视频呢?短视频因何成为了一种营销工具?它有哪些优势呢?

1.2.1 短视频——全新定义的影音结合体

短视频，顾名思义，就是时间比较短的视频，视频是一种影音结合体，是能够给人带来更为直观的感受的一种表达形式。通常来说，短视频需要具备这样几个特点，如图1-2所示。

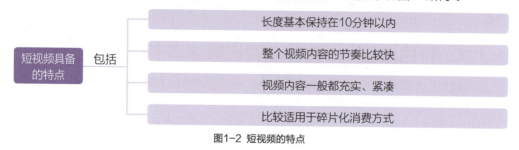

图1-2 短视频的特点

此外，短视频与电视视频相比较，不同之处体现在短视频主要通过网络平台进行传播，其文件格式也是多种多样，主要包括以下几种，如图1-3所示。

图1-3 短视频的文件格式

> **专家指点**
>
> 短视频的要义就是能够在短时间内完整地表述一件事情或者一个热点，借此吸引大众的注意力，从而为大家带来一些信息。此外，值得注意的是，GIF动图不属于短视频，最显而易见的原因就是它没有声音，而声音对于视频而言是必不可少的。

那么，想要观看短视频的话，有哪些工具可以利用呢？大家都知道，无论是短视频，还是一般的网络视频，都要通过特定的播放器进行观看，下面笔者将为大家介绍几种在线播放器的类型，如图1-4所示。

Windows Media Player	微软出品的免费播放器，缩写为"WMP"，支持通过插件增强功能
RealPlayer	跨平台的播放器，支持播放各种在线媒体视频，而且在播放的过程中可以录制视频
QickTime	功能强大的内置媒体播放器，可以看多种文件格式的视频
DivX	高清视频播放器，分辨率可达到4K超高清，是比较流行的视频影像压缩格式
Flash	交互式矢量图、Web动画标准，下载时间短

图1-4 在线视频播放器的类型

第 1 章　入门知识，对短视频营销说"你好"

随着移动互联网的不断发展，以及视频形式的不断细分，短视频凭借自身强大的优势吸引了大众的目光，观看短视频逐渐成为受人们欢迎的娱乐和消遣方式之一。因此，网络上也出现了不少专门制作短视频的平台，如二更、一条、即刻等。图1-5所示为致力于整合短视频资源，构建短视频生态的平台——"二更"短视频平台的首页。

图1-5　短视频平台"二更"

专家指点

移动设备和互联网为短视频的兴起和发展提供了良好的基础，使其在互联网市场之中赢得了一席之地，而对于短视频而言，它的发展之路才刚刚开始。

1.2.2　短视频营销——非同一般的营销模式

对于视频营销的定义，相信大家已有所了解，它就是利用网络视频展示产品的优点及企业的品牌理念，是一种将互联网、视频、营销三者相结合的活动。视频营销能够起到非同一般的营销效果，具有其他营销方式无法比拟的优势和特点。

短视频营销的定义与其相差无几，只是时间的长短不一样，虽然短视频的时间没有固定的限制和范围，但大多还是保持在10分钟以内。随着移动互联网的不断发展，短视频营销已经开始显示出它的强大魅力，而且像"90后""00后"这样的年青一代更加愿意接受以短视频为媒介的广告。

短视频营销已经不是一个陌生的名词，很多从事营销业务和身处营销市场中的人员对这一名词耳熟能详，那么，短视频营销的真正含义到底是什么呢？笔者将其定义的要点总结了一下，如图1-6所示。

图1-6　短视频营销定义的要点

专家指点

在当下这个快节奏时代,利用短视频进行营销显得格外明智,因为每个人的时间都非常宝贵,人们一般都是利用碎片化的时间进行阅读和浏览,因此,短视频营销变得越来越火爆。

1.2.3 发展历程——短视频营销的"前世今生"

短视频营销的兴起以第一个短视频的产生为基础,其发展依赖短视频应用的出现。较早的短视频应用——Viddy创办于2011年,它以制作和分享视频为主,具体功能如图1-7所示。

```
                       ┌── 即时拍摄:拍摄短视频十分简单
Viddy的具体功能 ──包括 ──┼── 快速生产:内容打造比较容易
                       └── 便捷分享:分享操作一目了然
```

图1-7 短视频应用Viddy的具体功能

而且,它还专门与YouTube、Facebook、Twitter等社交平台达成合作,实现了用户之间更加直观的交流。和Viddy同年推出的短视频应用还有SocialLcam、Qwiki。

2012年,又陆续出现了4款短视频软件,它们分别为Keek、Cinemagram、Vine、Instagram。这些短视频应用都致力于打造能够即时分享彼此生活的强大功能,同时慢慢影响人们的生活方式。以Instagram为例,它本来是一个传统的图片分享应用,在预见到短视频的强大潜力后,它也开始推出短视频分享的功能,图1-8所示为Instagram应用的短视频分享界面。

图1-8 Instagram应用的短视频分享界面

第 1 章 入门知识，对短视频营销说"你好"

> **专家指点**
> Instagram推出的短视频功能吸引了不少名人和品牌厂商，短视频营销开始在此平台上风靡，同时也为此平台汇聚了更多的流量。

2013年推出的短视频应用有Line-微片和MixBit。在这里重点介绍一下Line-微片，它是为Android平台打造的短视频应用，可以创建30秒以内的视频，其特色如图1-9所示。

Line-微片的特色 包括：
- 漂亮且自然的滤镜
- 动态感极强的标题
- 丰富多彩的背景音乐

图1-9 短视频应用Line-微片的特色

再来看国内短视频营销的发展历程，它主要以美拍、微信小视频、小红唇、抖音为代表。2014年5月，美拍正式上线，它以"10秒也能拍大片"为口号，着力于打造火爆的短视频社交软件，图1-10所示为美拍App的进入界面和关注界面。

图1-10 美拍App的进入界面和关注界面

过了半年之后，美拍又主推"60秒美拍"的功能，对短视频的时长进行了规范，即"10秒到60秒为佳"。同时，美拍团队也借此热点在微博上推出了相关话题，引起了无数短视频爱好者的热烈讨论。图1-11所示为微博上的"#60秒美拍#"话题页面。

图1-11 "#60秒美拍#"微博上的话题

由图1-11可以看出,大众对美拍的关注度很高,阅读量高达80亿,参与话题讨论的人数也超过了300万。出现这种情况,一是由于美拍的社交属性比较强,二是因为这种短视频的形式更加符合当代年轻人的浏览习惯。据悉,截至2016年6月,美拍用户创作视频量已突破5亿,日人均观看时间长达40分钟,庞大的流量为美拍平台带来了巨大的利润和热度。

2014年9月30日,微信正式推出6.0版本,这次发布的新版本中让人眼前一亮的就是其中的短视频功能。虽然它的短视频比较简单,时间限制为6秒以内,也没有特效、背景音乐等作为点缀,但实用性很强。虽然微信后来推出的版本没有再保留这个单独的小视频功能,但可拍摄的视频的形式实际上还是短视频。图1-12所示为微信中的短视频功能,用户不仅可以在对话框中发送短视频,同时还可以在朋友圈中分享有趣的短视频。

图1-12 微信不同场景中的短视频

第 1 章 入门知识，对短视频营销说"你好"

除了微信自带的短视频功能，它开通的微信公众平台也为短视频的展示提供了良好的平台，图1-13所示为"二更"微信公众号中的短视频模块，其中既有专门的"二更视频"内容，又有由短视频延伸拓展而来的"二更美食地图"，实际上这也是一种短视频营销的方式的创新，从以泛娱乐的内容吸引流量，到以垂直内容的细分吸引特定人群，实现了短视频营销的新的跨越。

图1-13 "二更"微信公众号中的短视频

2015年4月，以UGC（用户自创内容）模式为主的小红唇短视频应用正式上线，它主要涵盖了美容美妆、健身塑身、时尚潮流等方面的内容，面向的人群以女性为主，致力于打造技巧教授和购物一体化的短视频社区。2016年年初，小红唇商城的上线意味着用户可以通过小红唇App直接购买美妆达人推荐的产品，如图1-14所示。

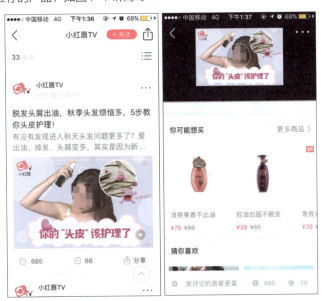

图1-14 在小红唇App上观看短视频、购买产品

17

这种短视频营销模式是将电商与短视频社区结合起来，一方面让用户从短视频中获取他们感兴趣的内容，如如何画眼线不手滑、服装搭配的几大窍门等；另一方面用户可以直接通过点击商品的链接进行购买，实现了短视频的变现。2016年9月，抖音App正式上线，这是一款面向年轻人的15秒音乐短视频社区，如图1-15所示。虽然抖音的玩法不是最新的，但它成功地引起了大众的注意。

图1-15 抖音音乐短视频社区

抖音的短视频营销模式主要也是以流量变现为主，它的日均视频播放量已经过亿，但为了能够长久地稳固住自己的地位，抖音还发展了"短视频+直播"的营销模式。不过目前抖音的直播功能还处于内测阶段，不是所有的用户都能使用该功能，而且它的直播入口也比较隐蔽，主要分布在story栏中、个人主页的头像下、视频右侧的头像下这3个位置。同时，抖音直播的礼物设计也符合它的整体风格，更贴近年轻人的喜好，如图1-16所示，有"仙女棒""为你打Call"等。

图1-16 抖音直播的礼物

> **专家指点**
>
> 目前已经出现了3大类型的短视频平台：一是资讯类的短视频平台，如今日头条；二是社交类的短视频平台，如快手、美拍等；三是垂直类的短视频平台，如专注于提供美食短视频的日食记等。各大平台的营销模式主要也有3种，即广告变现、平台分成及电商变现。总的来说，短视频营销的模式仍然处于不停的变化和摸索之中，还有很多方式可供发现和挖掘。

1.3 7个优势，彰显短视频营销的魅力

营销，就是根据消费者的需求去打造销售产品和服务的方式和手段，经过不断的探索与研究，营销的方式越来越多，包括网络营销、服务营销、体验营销、病毒营销、整合营销及社交营销等。短视频营销属于网络营销，也是具有巨大潜力的营销方式之一。与其他营销方式相比，短视频营销有哪些得天独厚的优势呢？作为影音结合体，它又具备了哪些独特的魅力呢？

1.3.1 互动多——交流沟通赢得好感

短视频营销很好地吸取了网络营销的优点——互动性很强。几乎所有的短视频都可以进行单向、双向甚至多向的互动交流，对于企业而言，短视频的这种优势能够帮助企业获得用户的反馈信息，从而更有针对性地对自身进行改进；对于用户而言，他们可以通过与企业发布的短视频进行互动，从而对企业的品牌进行传播，或者表达自己的意见和建议。这种互动性使得短视频能够快速地传播，还能使得企业的营销效果实现有效提升。

以倩碧（Clinique）为例，它在新浪微博上发布了关于产品的短视频，如图1-17所示。它的目的是给自己发布的新品造势，吸引消费者的注意，不仅如此，它还通过参与即可申领体验装的方式对产品和品牌进行宣传，可以说是"双重营销"，既带给消费者动态的直观感受，又有福利的大力吸引。

图1-17 倩碧在新浪微博上发布的短视频

1.3.2 成本低——传播维护简单可行

与传统的广告营销少则几百万元，多则几千万元的资金投入相比，短视频营销的成本算是比较低的，这也是短视频营销的优势之一。成本低主要表现在3大方面，即制作的成本低、传播的成本低及维护的成本低。在制作短视频时，需要具备几个重要的条件，才能打造出质量上乘，能够吸引受众眼光的作品，具体如图1-18所示。

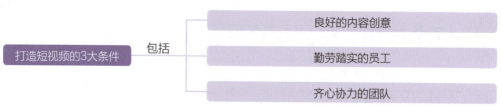

图1-18 打造短视频的3大条件

短视频是否能够迅速地传播，并不耗费太大的成本，关键在于如何打造短视频的内容，内容有没有真正击中受众的痛点和需求点。例如，papi酱的自创简单小视频在初期都依赖她一个人的自导自演，却轻而易举地引得无数网友转发和评论，图1-19所示为papi酱发布的关于"双十一"的短视频内容。

图1-19 papi酱发布的"双十一"短视频

从图1-19中可以看出，一个小小的短视频竟获得了几十万的点赞量、评论量及转发量，当然，这其中也不乏利益的驱动，但总的来说还是达到了较好的传播效果。

papi酱的短视频之所以能够以较低的成本获得较好的营销效果，是因为它能够命中广大受众的痛点，引起人们情感的共鸣。因此，papi酱的成功不是偶然。

> **专家指点**
>
> 随着受众群体对短视频内容的要求的不断提高，短视频的打造也慢慢开始向专业化、团队化发展。虽然制作短视频的门槛较低，但如果想要借助短视频的力量获得良好的营销效果，就必须要以专业化团队的力量作为支撑，而且短视频营销也在逐渐向专业化的方向不断前进。

1.3.3 效果赞——购买方式快捷方便

前面提到过，短视频是一种时长较短的图文影音结合体，因此短视频营销能够带给消费者图文、音频所不能提供的感官的冲击，这是一种更为立体、直观的感受。因此，短视频只要符合相关的标准，就可以赢得消费者的青睐，使其产生购买产品的欲望。那么，利用短视频进行营销时，它需要符合哪些标准呢？笔者认为有以下3点。

（1）**内容丰富**。
（2）**价值性强**。
（3）**具有观赏性**。

短视频营销的效果比较显著，一是因为画面感更强，二是因为短视频可与电商、直播等平台结合，实现更加直接的赢利。

它的高效性就体现在消费者可以边看短视频，边对产品进行购买，这是传统的电视广告所不能拥有的优势，因为一般消费者在观看了电视广告之后，不能实现快捷购物，一般都是通过电话购买、实体店购买及网上购买等方式来满足购物欲望，但在这些方式中，消费者都不可避免地会遇到一些问题，如在电话中无法很好地描述自己想购买的商品的特征、不想出门逛街购物等。

> **专家指点**
>
> 短视频营销的这一优势从消费者的购买行为上来看很明显，一般消费者在观看电视广告后较少产生购买的行为，一是因为电视广告没有相关的产品链接，购买不便捷，二是因为随着移动互联网的迅速发展，消费者大都喜爱利用上网的方式进行娱乐消遣，因此电视广告的受众范围有所缩小。这样一来，短视频营销就在市场中占据了一席之地。

而短视频可以将产品的购买链接放置在展示产品画面的四周或短视频播放窗口的周围，这样一来，就可以实现"一键购买"了。图1-20所示为淘宝商家利用短视频进行营销，展示产品，其购买链接就在画面右下方。

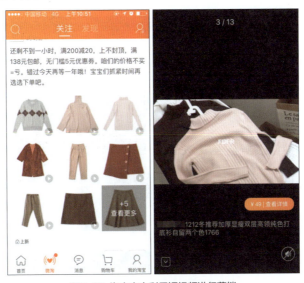

图1-20 淘宝商家利用短视频进行营销

短视频营销的效果赞其实就是得益于"边看边买",虽然图片文字也可以传递信息,但不如短视频来得直接和富有画面感,更加容易激发消费者的购买欲望。同时,在短视频营销目前的变现模式中,电商这部分内容还是很值得挖掘的,因为电商发展得比较好,能够为短视频营销大展身手提供良好的平台。

1.3.4　指向性强——精准营销找对受众

与其他类型的营销方式相比较,短视频营销还具有指向性强这一优势,因为它可以准确找到企业的目标受众,从而达到精准营销的目的。那么它是如何在茫茫人海中找到产品对应的受众群体的呢?

一是短视频平台通常都会设置搜索框,对搜索引擎进行优化,受众一般会在网站上对关键词进行搜索,漫无目的地闲逛的概率不大,这一行为使得短视频营销更加精准。图1-21所示为美拍的搜索界面和搜索排行榜。

图1-21　美拍的搜索界面和搜索排行榜

二是短视频平台会发起活动和比赛,聚集用户,图1-22所示为美拍举办的创意舞蹈赛。

图1-22　美拍发起的"十万支创意舞"活动

美拍这样做既提升了用户的活跃度,同时又聚集了平台上爱好舞蹈的用户来共同贡献内容,当然,丰厚的现金奖励自然是驱使用户参与活动的直接动力,但不可否认的是美拍找到了部分用户的共性,并很好地利用了这一点。

1.3.5 传播快——迅速转发激起兴趣

短视频营销还拥有传播速度快、难以复制的优势,因为短视频营销本身就属于网络营销,所以短视频能够迅速地在网络上传播开来,再加上其时间短,适合现在快节奏的生活,因此更能赢得广大受众的青睐和欢迎。

此外,用户在与短视频进行互动的过程中,不仅可以点赞、评论,还可以转发。一条包含精彩内容的短视频,如果能够引发广大用户的兴趣并被他们积极转发,那么就很有可能达到病毒式传播的效果。例如,美拍、梨视频等平台上的火爆视频都可以通过转发来增加热度,实现短视频的营销。

短视频平台除了自己转发和传播,还积极与新浪微博这样的社交平台达成合作,将内容精彩丰富的短视频通过流量庞大的微博发布出来,进而吸引更多的流量,推动短视频的传播。图1-23所示为新浪微博上的短视频展示界面。

图1-23 新浪微博的短视频界面

专家指点

新浪微博专门为短视频开设了专栏,也就是"视频",足以见得它也开始重视短视频的发展。从图1-23中可以看到,短视频的时长通常在1~2分钟之内,而且内容不同,播放量也有差别,有的多达几百万、有的才破万。

这表明虽然短视频本身具备传播快的优势,但如果内容质量不过关,也是很难冲出重围,成为传播广泛的作品的。

短视频不仅传播快，而且还难以复制，这一优势从哪里可以看出来呢？图片、文章、音频等形式特别容易被复制，把别人的作品据为己有的情况是不稀奇的，这严重地损害了原创者的利益，而很多短视频都可以加水印和原创者的联系方式，因此比较难以复制，这样一来就确保了信息的唯一性。图1-24所示为2个短视频平台发布的加水印的短视频。

图1-24 带水印的短视频

1.3.6 "存活"久——搜索引擎助力排名提升

利用短视频进行营销的一个好处是它的"存活"时间比较久。这么说可能有点抽象，做个比较，如果想要利用电视广告持续向大众展示产品，就需要一直投入资金，一旦企业停止支付费用，就会遭到停播。

而如果利用短视频进行营销的话，一时半刻不会因为费用的问题而停止传播，因此"存活"的时间久。这也和短视频打造的成本较低分不开，例如快手、美拍、抖音上的短视频大多都是用户自己制作并上传，所以与费用的关系不大。图1-25所示为快手平台上的用户发布的短视频。

图1-25 快手平台的用户创作的内容

另外，大部分的视频网站和应用的搜索权重比较高，我们发布的短视频会快速被搜索引擎收录起来，短视频的排名会比图文内容好很多、快很多。

专家指点

这里提到的搜索权重又是什么意思呢？搜索权重中的"权重"一般是指网站权重，网站权重是影响网站排名的重要因素，如果通过搜索引擎进行搜索，那么搜索引擎就会按照权重等来展示结果。对于短视频而言，它的搜索排名会比较靠前，因此存活的时间相对而言就会长一些。

1.3.7 可衡量——营销效果在掌握之中

短视频营销具有网络营销的特点，因此可以对视频的传播和营销效果进行分析和衡量。一般的短视频营销的语言都是由数据构成的，因此大致内容如图1-26所示。

图1-26 短视频营销的语言形式

这些语言形式其实也是有目共睹的，不管是社交平台上的短视频，还是垂直内容的短视频，都会展示出播放量、评论量等，图1-27所示为"一条"在新浪微博上发布的内容。

图1-27 "一条"在新浪微博上发布的短视频

从图1-27中可以看出，这条内容的效果显著，点赞量27 000多，转发量接近15 000，评论量稍显逊色，只有2 000多。总的来说，这个短视频是成功的，达到了不错的传播效果。

既然短视频营销效果可以自测，那么具体应该这么做呢？笔者将其大致流程总结了一下，如图1-28所示。

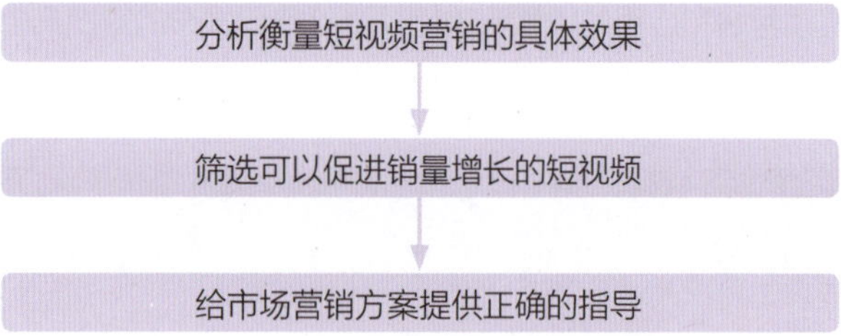

```
分析衡量短视频营销的具体效果
        ↓
筛选可以促进销量增长的短视频
        ↓
给市场营销方案提供正确的指导
```

图1-28 短视频营销效果自测的流程

专家指点

值得注意的是,短视频营销既具有图文影音营销所不能拥有的优势,同时又完美地继承了视频营销的优点,并拥有自己独特的适应快节奏时代的特色,为自身在营销方面积攒了不少优势,从而可以更好地为企业所用,推动产品的销售。

1.4 8种类型,焕发短视频的夺目光彩

短视频的类型多种多样,形式也是不断更新,随着时代的进步而变化。要想通过短视频进行营销,就不得不先来全面了解短视频的不同类型,不同的类型有不同的特色,不同的特色能够展示出不一样的风采。那么,短视频究竟包含了哪些有趣的类型呢?这些类型又各具有什么特点和优势呢?

1.4.1 网络视频广告——分秒必争的营销武器

首先来看网络视频广告,它通常会出现在网络视频正式开播之前或视频播放过程中,其主要特点如图1-29所示。

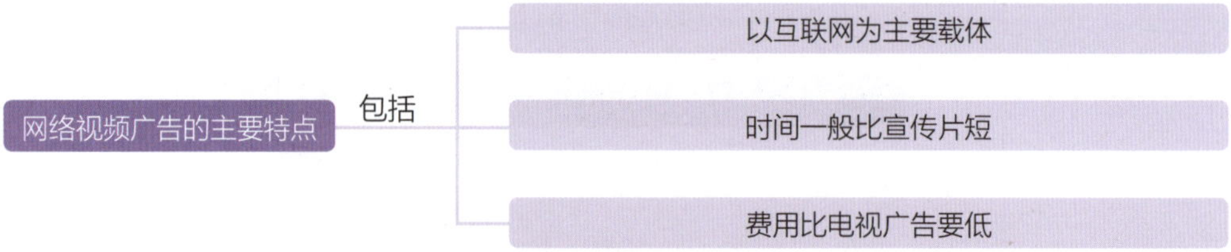

```
                            ┌─ 以互联网为主要载体
网络视频广告的主要特点 —包括—┼─ 时间一般比宣传片短
                            └─ 费用比电视广告要低
```

图1-29 网络视频广告的主要特点

网络视频广告的成本相对而言比较低,因此有的企业会根据产品的特点对广告的时长进行调整,1分钟的广告、30秒的广告等都有可能在网络上出现。图1-30所示为网络视频广告。

第 1 章 入门知识，对短视频营销说"你好"

图1-30 网络视频广告

专家指点

网络视频广告在互联网飞速发展的今天已经屡见不鲜，只要在线看视频，就会发现它无处不在，可以称得上是见缝插针。当然，如果不想观看在线广告，也可以通过花钱开通会员的方式跳过广告。但大多数人不会为此而开通会员，因此在热门电视剧或者电影之中插播的广告就能够被很多的受众看到，从而扩大了广告的传播范围。

不仅是在电脑端，在移动端也可以看到网络视频广告，这种短视频类型是比较常见的，也是容易被接受的。图1-31所示为移动端的网络视频广告。

图1-31 移动端的网络视频广告

1.4.2 宣传片——打造良好口碑的绝妙工具

宣传片就是通过视频的形式对企业的形象和文化做诠释，并把它传递给广大受众，从而树立良好的企业口碑，打响品牌，吸引更多的人消费。值得注意的是，宣传片的制作过程比较复杂，通常分为以下几个流程。

（1）**策划：** 根据要求，安排相关内容。

（2）**拍摄：** 与客户沟通，进行拍摄。

（3）**录音：** 记录声音。

（4）**剪辑：** 对视频进行剪辑。
（5）**配音：** 为视频加入声音。
（6）**配乐：** 配上合适的背景音乐。

制作宣传片时还需要注意一些细节部分的问题，如解说语言是否做到了简洁明了，基础背景有没有确定好，整个过程是否构思精良、准备周到等。

宣传片可以分为不同的类型，主要包括企业宣传片、产品宣传片、公益宣传片和招商宣传片这4类。下面分别详细介绍这几种各具特色的宣传片。

1. 企业宣传片——助力企业健康成长

企业宣传片主要是对企业的整体面貌进行呈现的视频，其呈现的内容主要包括以下几个方面，如图1-32所示。

成长经历	企业的发展过程，展现出企业从一开始到后来的成长过程，反思不足，发扬优点
主要业务	让用户了解和认识企业提供的主要服务，从而更好地推广产品
技术水平	展现先进、高级的技术水平以充分呈现企业的完整形象，让用户对自己有信心
文化理念	凸显企业的文化精神及目标追求，竭力塑造较为独特的企业形象
前景展望	简单陈述企业未来的发展方向和期望，让用户感受到企业的雄心壮志

图1-32 企业宣传片呈现的主要内容

> **专家指点**
>
> 企业宣传片的打造通常是为了让用户及受众对企业有一个比较整体的认识，希望用户能够真正理解企业的经营理念，并对企业给予坚定的支持，永远做企业坚实的后盾，从而有效提升企业利润。

例如京东企业宣传片中就涉及了企业的发展历程、技术水平及主要业务，并从企业的运转过程中传达出企业的文化理念和精神内涵，感染力很强，让广大用户为此注目，促使其更加信任企业及其产品。图1-33所示为该宣传片的画面。

图1-33 京东企业宣传片的画面

2. 产品宣传片——让产品销得更火爆

产品宣传片主要是被企业用来通过宣传片的形式对自己的产品进行推广，其推广的主要内容包括功能特点、设计理念及优势亮点。例如小米手机的宣传片就对其主要功能、设计理念及便捷的操作进行了有效阐述，并通过富有创意的画面对产品的亮点进行了完整的展示，图1-34所示为小米6的宣传片画面。

图1-34 小米6的宣传片画面

专家指点

产品宣传片的优势在于可以直接向用户介绍产品的特征，从而使得用户能够快速地了解产品的相关细节，而且产品宣传片里包含的信息量比较大，对产品的介绍更加全面。此外，产品宣传片的制作费用与广告片的制作费用相比较还是比较低的，因此，产品宣传片值得企业有效利用。

3. 招商宣传片——有针对性地吸引投资

招商宣传片的目的十分明显，就是吸引投资。而这类宣传片显著的特点就是具有很强的针对性，需要根据不同的对象、企业招商项目的不同需求等因素进行内容的制作。图1-35所示为易悟通公司的招商宣传片。

图1-35 易悟通公司的招商宣传片

招商宣传片的打造是为了引入资金，展现的内容自然也就以企业或者产品的优势为主，它与企业宣传片虽有相似之处，但重点在于招商，因此会大力凸显潜力和优势以获得投资，从而赢得更好的发展前景。

4. 公益宣传片——让正能量不断传递

公益宣传片是为传播正能量而设计的宣传片，其主要目的是为公众着想，提升公众生活品质和福利待遇，以构建更加和谐美好的社会。公益宣传片的特征包括以下几点，如图1-36所示。

图1-36 公益宣传片的主要特征

公益宣传片可以从内容上分类，例如有一些专门讲关于尊老爱幼等传统美德的内容，有一些则特地讲关于帮助贫困地区发展，奉献爱心的内容，还有一些讲关于绿色环保的内容。不过，总的来说它是离不开"正能量"的，因此它是一种比较积极的短视频。图1-37所示为水环境保护的公益宣传片的画面。

图1-37 水环境保护的公益宣传片

1.4.3 品牌活动视频——主题鲜明的视频内容

品牌活动视频与宣传片有些类似，就是个人、组织或企业根据举办的活动的内容所制作的相关视频，一般以会议视频、庆典视频、博览视频等形式呈现。它与宣传片明显的不同就是，它的主题非常明确。品牌活动视频按照主题的不同可以分为如图1-38所示的几大类型。

第 1 章 入门知识,对短视频营销说"你好"

节庆活动视频	周年庆典、美食节等
会议活动视频	研讨会、经验交流会等
媒体活动视频	"明日之子""极限挑战"
商业活动视频	招商会、新品发布会等
体育娱乐活动视频	奥运会、演唱会、见面会
公益慈善活动视频	慈善拍卖会、慈善万人行

图1-38 品牌活动视频的主要类型

专家指点

品牌活动视频的内容既有明确的主题,同时也包含了很多不同的类型,因此各个不同类型的视频特点也各不相同,例如如节庆活动视频一般来说时间会比较短,而且是在特定的时间段推出的,商业活动视频的时长则是视情况而定。目前,不少企业的新品发布会还采用了直播的形式,更加吸引目光。

图1-39所示为家乐福公司围绕品牌活动周打造的短视频,内容是联合众多企业对合作的品牌进行宣传和推广,一方面塑造了自己企业的形象,另一方面也有力地推广了合作企业的产品,打响了合作企业的品牌,两全其美,何乐而不为?

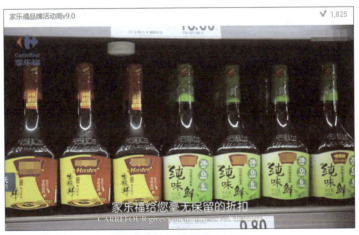

图1-39 家乐福的品牌活动视频

1.4.4 系列短片——环环相扣的黏性视频

系列短片是指在主题和内容上具有一致性,可以串联起来的多个影片,即它是由很多集组成的短片。它的集与集之间是环环相扣,紧密联系的,并且可以构成一个完整的故事。一般而言,系列短片可以分为两种,即系列广告和微剧集,相对而言,系列广告更具有营销优势,微剧集则偏向于讲述故事。

1. 系列广告——持续吸引观众的眼球

系列广告是指反复播放的一组广告，这组广告通常具有相同的风格、相同的主题内容，与传统的广告相比，有其独特的优势，具体如图1-40所示。

```
系列广告的独特优势 ─ 包括 ─┬─ 能有效延续内容创意
                          ├─ 扩展时间和空间
                          └─ 让传播效果更为显著
```

图1-40 系列广告的独特优势

以士力架的"饿货球迷奇葩事"系列广告为例，其主要场景设置及参与人员都是相差无几的，而且主题也始终如一，一共分为4个短片，利用不同的人物展现了产品的特色。图1-41所示为林黛玉篇，之所以选取经典名著中的林黛玉作为主角，是因为她具备"弱不禁风、体虚"的特征，士力架刚好可以帮助她解决这个难题，由此也可以展现出产品的特色。

图1-41 士力架"饿货球迷奇葩事"系列广告之林黛玉篇

而韩剧女篇则利用了大热的韩剧元素，以韩剧女主角的特质——"悲催"为切入点，凸显士力架的能量满满，即使是韩剧女主角也可以因为吃了士力架而不再悲情，焕发活力生机。虽然表现形式有些许的夸张，但起到的效果还是非常不错的，如图1-42所示。

图1-42 士力架"饿货球迷奇葩事"系列广告之韩剧女篇

剩下的"猪八戒篇"和"包租婆篇"同样也是选取经典的人物形象作为代表，一个是"懒"，一个是"暴躁"，恰好士力架又能够解决这一由"饿"引发的痛点和需求，于是系列广告的经典广告词"饿货！一饿就犯懒，来条士力架！""饿货！一饿就抓狂，来条士力架！"应运而生。由此可以看出，系列广告不仅可以多角度展现产品的功能，还能让产品在消费者心中留下比较深刻、持久的印象。当然，拍摄这种短视频需要具备比较卓越的能力，文案的撰写、场景的选择、内容的编排等都需要团队化的运作才能顺利进行。

专家指点

此外，系列广告可以由一个完整的故事贯穿始终，让观看者有一个比较系统的印象，例如飘柔的系列广告就是这样做的。因此，这也要求在对广告进行策划和设计的时候注意选题的内容和情境的设置，不能忽视细节。为了打造出一个高质量的系列广告，就应该坚守始终如一的基本原则，当然，也可以对内容和形式进行微创新，不断完善广告。

2. 微剧集——携手网友享受轻松一刻

微剧集是指通过互联网进行传播的微型电视剧，其主要受众为互联网用户。与传统的电视剧相比较，两者还是存在区别的，具体如图1-43所示。

```
                                渠道不同，以互联网为主
微剧集与传统电视剧的区别 ── 包括 ── 时长不同，时间比较短
                                风格不同，偏向于搞笑
```

图1-43 微剧集与传统电视剧的区别

例如由搜狐视频全力打造的独家微剧集《极品女士》，现在第4季已经播完了，其风格以轻松搞笑为主，旨在带给大家乐趣。《极品女士》每季由6~8集视频组成，图1-44所示为《极品女士》第4季的画面。

图1-44 微剧集《极品女士4》

1.4.5 微电影——让人身临其境的故事情节

微电影是互联网时代的一种电影形式，它常常将人类的情感诉求融入其中，因此各大网络视频平台喜爱用这种方式传递品牌价值和品牌理念，微电影具备短小精悍、互动性强、投放精准及打造成本较低等特点。

根据内容和风格的不同，微电影可以分为不同的类型，包括古风型、励志奋斗型、感人亲情型、青春爱情型等。这些不同类型的微电影都具有共同的特点，即作为具有完美故事情节的"迷你电影"，虽然在时间上不能与一般的电影相比，但却能够将内容的精华完整地表达出来。而且，微电影的诞生与碎片化信息的接受方式的形成密不可分。

微电影不仅能以完整的故事情节吸引人，而且还可以利用这个优势打造动人的营销广告，这种广告与故事情节融为一体，更具感染力，同时能够吸引观众的注意力。例如玉兰油（Olay）为推广新产品就专门制作了相关的微电影，图1-45所示为玉兰油爱情微电影《白里透红》的画面。

图1-45 玉兰油《白里透红》画面

值得注意的是，在制作微电影的过程中，除了展现完整的故事情节之外，还要扣住热点，紧跟潮流，凸显有趣的情节片段，给观众留下深刻的印象。这样才能让品牌形象深入人心，达到通过微电影进行营销的目的。

1.4.6 UGC视频——自给自足的个性创意

UGC，由"User Generated Content"缩写而来，其含义是用户自创内容。UGC视频即用户自己创作内容，然后上传发布到互联网上，与其他用户分享。这种短视频是目前制作门槛较低且传播比较广泛的一种类型，主要特点如图1-46所示。

第 1 章　入门知识，对短视频营销说"你好"

```
                    ┌─ 通常以个人为单位
UGC视频的主要特点 ─包括─┼─ 时间在5分钟以内
                    └─ 内容偏向于个性化
```

图1-46　UGC视频的主要特点

　　以目前比较热门的火山小视频为例，其视频形式以UGC为主。而且值得关注的是，在这个应用上注册的用户多为普通大众，十分接地气，创作的短视频都是大众喜闻乐见的，最为显著的特点就是真实，这也是UGC视频的精髓所在。图1-47所示为火山小视频的界面。

图1-47　火山小视频的界面

专家指点

从图1-47中可以看出，火山小视频除了短视频，还具备直播的功能，这就成功地为平台增加了赢利的渠道。无论是喜欢观看短视频的用户，还是执着于直播的用户，都可以通过这个平台达成目的。

第2章

拍摄技巧，轻松拍出大片范儿

初次拍摄视频，肯定对需要做什么准备工作都不甚了解。实际上，拍摄前需要掌握的知识往往是最重要的，它决定了视频是否能够拍出高水平和高质量。因此，本章将介绍拍摄视频需要的设备、构图的技巧及基本流程等知识，帮助大家提前了解，做好准备。

2.1 6种设备，拍摄短视频的上佳选择

拍摄短视频，必须用到硬件设备，没有技术的支持是无法把富有创意的想法落实的，就好像想要过河却没有桥或者船一样，寸步难行。我们可以通过各种各样的设备来实现拍摄短视频的目标，但不同的设备拍出来的效果自然也是不同的，而且使用方法的难易程度也不同，为了帮助大家找到最适合自己的拍摄设备，本节将详细介绍拍摄短视频的设备。

2.1.1 智能手机——入门小白的必备神器

首先出场的是入门级的设备——智能手机，说到手机大家肯定都不陌生，随着技术的不断发展和完善，智能手机可谓集多种功能于一身，无所不能。无论是上网冲浪、听音乐，还是拍照片、打电话，一部智能手机就能轻松搞定，也难怪人们都对它爱不释手。摄像是智能手机自带的基本功能，一般的智能手机都可以进行视频的拍摄。

那么，为什么要选择智能手机来拍摄视频呢？因为用智能手机拍摄视频具备很多其他设备无法具备的优点，具体如图2-1所示。

```
                              ┌── 机身轻便，方便携带
智能手机拍摄视频的优点 ── 包括 ──┼── 操作简单，一学就会
                              └── 直接分享，功能强大
```

图2-1 智能手机拍摄视频的优点

这些优点是有目共睹的，而事实也证明现在很多的网络视频，如社交平台上的短视频都是用智能手机拍摄的。由于智能手机自带拍摄视频的功能，而且又可以直接分享到社交平台上，实时查看发布的动态，从而检验自己作品的效果，所以通过智能手机拍摄短视频就成了大众的不二之选。

此外，随着移动互联网和智能手机的迅速发展，各种短视频平台的发展方向也受到了一定的影响，有的从电脑端转移到了移动端，有的则一开始就以移动端为主战场，准确把握了用户碎片化获取信息的要点。

专家指点

手机型号不同，拍摄视频的功能，如分辨率、尺寸等，也会有差别，但总体出入不大，操作步骤也基本相同。

虽然使用智能手机拍摄视频比较简单，但笔者还是想在这里简单介绍一下大致的流程，下面以iPhone 5s为例介绍具体的操作步骤。

步骤01 进入手机主界面，如图2-2所示，点击"相机"图标。

步骤02 进入相机主界面，❶左右滑动，选择"视频"，❷点击如图2-3所示的红色圆形图标 ⏺，然后就会开始拍摄视频，红色圆形图标也会随之变成外圆内方的形状。

图2-2 手机主界面　　　　图2-3 相机主界面

步骤 03 在拍摄完成后，❶点击界面下方正中间的图标 ◉，即可存储拍摄的视频。视频会自动存储在手机相册中，❷点击如图2-4所示的界面左下方的内容，就会进入视频的查看界面，如图2-5所示。

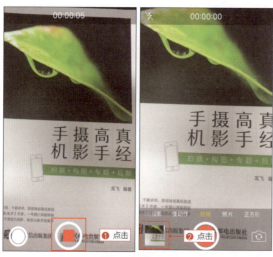

图2-4 转换界面　　　　　　　　　图2-5 视频查看界面

用智能手机拍摄短视频简单可行，而且耗费的成本也不高，可以说是门槛较低的一种拍摄方式，同时智能手机也是日常生活的必需品。在后面的章节里还将详细介绍用智能手机拍摄短视频的方法和技巧，以让大家轻松掌握用智能手机拍摄出大片效果的诀窍。

2.1.2　单反相机——业余人士的得力助手

数码单反相机的普及程度越来越高，价格也在逐渐下降，几千元就可以购买一个入门级的单反相机，越来越多的摄影爱好者将相机升级为数码单反相机。随着新技术的不断应用，新品

第 2 章 拍摄技巧，轻松拍出大片范儿

相机的功能也日益强大，同时摄像功能也成功地被添加到单反相机中，因此越来越多的摄像爱好者把单反相机看作拍摄日常视频的得力助手。图2-6所示为常见的数码单反相机。

图2-6 单反相机

用单反相机拍摄视频是近年来比较流行的一种视频拍摄方式，主要原因是它的优势比较显著，它主要有图2-7所示的几大优势。

```
单反相机拍摄视频的优点 ── 包括 ┬── 机身相对而言较轻便
                              ├── 价格比摄像机便宜
                              └── 画质等方面更加专业
```

图2-7 单反相机拍摄视频的优点

对于普通的摄像爱好者来说，单反相机是比较合适的选择，因为它性价比高，虽然价格可能比智能手机要贵，但画质相对而言还是要高。总而言之，它是比较折中的选择，如果舍不得花太高的价钱购买专业的摄像机，那么其实单反相机也是可以作为替代品的。那么，应该怎么使用单反相机拍摄视频呢？笔者将简单介绍操作步骤，供大家参考。

首先把相机拨盘调到摄像图标的位置，如图2-8所示，然后像拍照一样对准要拍摄的位置，按下快门，单反相机就开始摄像了。如果想要停止摄像，再按一下快门就可以了。

图2-8 单反相机拨盘位置的调节

当然，不同的单反相机视频拍摄功能的使用也会有细微的差别，鉴于篇幅原因，笔者在这里就不一一阐述了。总的来说，单反相机的摄像操作步骤还是挺简单的，不过在拍摄的过程中想要拍好，拍出高的质量，还是需要掌握一些技巧的。下面笔者简单介绍一下使用单反相机拍摄视频的几个小技巧。

1. 分辨率——清晰还是更清晰

在拍摄视频之前，要对相机的分辨率进行选择，以确定视频的清晰度。那么，什么是分辨率呢？实际上，视频的分辨率和照片的尺寸定义相似，目前常见的分辨率有如图2-9所示的几种。

图2-9 常见的分辨率选择

图2-10所示为实际操作中对单反相机拍摄的短片的分辨率的选择。

图2-10 单反相机短片分辨率的选择

> **专家指点**
>
> 如果设备支持，而且存储卡容量比较大的话，笔者建议选择更为清晰的级别，而且经过相关测试证明，即使将用4K视频分辨率拍摄的视频压缩成全高清视频，还是比直接用全高清分辨率拍摄的视频效果要好。

2. 帧速率——流畅还是更流畅

帧速率是指每秒钟刷新图片的帧数，也就是一系列图片在屏幕上的显示速度（以帧/秒为单位）。在使用单反相机拍摄视频之前，要做的第一件事是选择视频制式，这其中就包含了对帧速率的选择。目前可供选择的视频制式主要有两种，具体如图2-11所示。

PAL	50帧/秒作为720P高清视频的标准帧速率，25帧/秒作为广电标准帧速率，是欧洲等国家（地区）的视频标准
NTSC	60帧/秒作为720P 高清视频的标准帧速率，30帧/秒作为广电标准帧速率，是美国等国家（地区）的视频标准

图2-11 目前可供选择的视频制式

图2-12所示为单反相机中视频制式的选择界面。

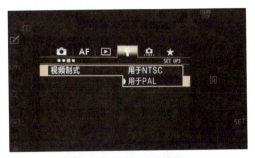

图2-12 视频制式的选择

由帧速率的定义可知，帧速率越高，视频就会越清晰，相应地，占用的内存也会越大。那么，在拍摄视频的时候，究竟应该怎么选择帧速率呢？对于人眼而言，在帧速率达到12帧/秒的情况下视频效果就已经是很流畅的了，因此，如果对视频要求不高，只要达到这个标准就差不多了，如果想要达到电影拍摄的效果，也可以选择24帧/秒。

3. 压缩方式——怎样做到更优

视频压缩是拍摄视频都会用到的手段，因为视频文件的体积比较大，而且不同的设备使用的压缩方式还有差别。在拍摄视频时，通常会涉及两种压缩编码，一种是拍摄视频和录制音频使用的压缩编码，另一种是后期的压缩编码，用于采集和编辑视频文件。这里主要介绍拍摄使用的压缩编码。

以索尼A7S为例，如图2-13所示，它有3种不同的编码方式，例如XAVC S编码的压缩格式为MP4，它是音视频素材的压缩方式。

图2-13 索尼A7S的编码方式

选择好的编码方式对于视频、音频而言相当重要，毕竟保持质量和体积的相对平衡不是那么容易做到的。既要求视频的画面清晰，又要求不能占据太大的空间，就需要对编码方式进行谨慎正确的选择。

> **专家指点**
>
> 随着相机行业的不断深入发展，4K视频已经成为标志性功能，因此从这个角度来看，无反相机的视频拍摄功能要比单反相机更为强大实用，因为无反相机已经把4K视频当成了自己的特色点来尽力打造。如果想要追求更为优质的拍摄体验，不妨可以试试无反相机的4K视频功能。

2.1.3 摄像机——专业设备拍出高水准

摄像机属于专业水平的视频拍摄工具，一般大型的团队和电视节目都要用到它。虽然它不像前面提到的设备那么轻便易携带，但在视频效果上，它要高出一级。图2-14所示为摄像机。

图2-14 摄像机

在使用摄像机拍摄视频之前，要做好相应的准备工作，因为是更加专业的视频拍摄，所以需要用到的辅助工具也很多，笔者在这里简单介绍一下。

（1）**摄像机电源**。如果要在室外拍摄，切记带好直流电池，把电池充满电备用，如果要去很远的地方拍摄，最好带上充电器。如果要在室内拍摄，可直接使用充电器供电，当电量不足时，设备上的"BATTERY"灯会闪烁。

（2）**摄像机电缆**。它是用来连接摄像机和录像机的，主要有14芯、26芯等规格。

（3）**摄影灯**。它主要有两种供电类型，即直流供电和交流供电，这两种供电类型各有所长，也各有所短。直流供电方便，但时间短；交流供电持久，但需要借助电缆盘，不方便。

（4）**彩色监视器**。它是用来保证拍摄画面的颜色不出差错的，可以提升视频的效果。

（5）**三脚架**。这是一个用途十分广泛的辅助工具，无论是使用智能手机、单反相机，还是使用摄像机拍摄视频，都要用到它。图2-15所示为三脚架的使用方式。

图2-15 三脚架

三脚架的优势很多，但它最大的特点就是"稳"。实际上它的作用就是稳定拍摄设备，以达到某种特定的效果。对于视频拍摄而言，有些特定的内容需要三脚架的配合，如此才能拍出更为平稳的画面效果。

专家指点

在使用三脚架的过程中，要注意高度的调整，不同类型的三脚架的调整方式不同，例如有的是用螺丝钉固定的，有的则是锁住旋转套管来固定的。

准备好这些辅助工具后，就要对摄像机进行相应的调整了，主要分为4个步骤，具体如图2-16所示。

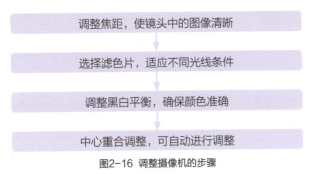

图2-16 调整摄像机的步骤

在摄像的过程中有一些小窍门可以学习，例如避免反复使用推拉镜头，在摄像完成后可多录几秒，以便后期处理。

此外，摄像机的镜头不要直接对着强光源和太阳光，这样会对摄像管造成损害。在使用各种设备拍视频时，都要爱惜设备，人与设备合为一体，这也是拍视频的要义之一。

2.1.4 麦克风——动听音质引众人尖叫

在拍摄短视频的过程中，如果想要达到比较优质的效果，不仅要在画面效果上花心思，而且还要在音频质量上下功夫。除了设备本身自带的音频功能，还有什么别的方法可以帮助提升声音质量，让观众从音质中听出高低呢？这时就该辅助工具——麦克风隆重登场了，麦克风的选择关系到短视频的质量的高低，因此在选择时要仔细考虑优缺点，同时还要根据自己的具体需求进行筛选。

笔者在这里推荐几款实用价值高且具有个性特色的麦克风，以供大家参考借鉴。首先介绍的这款麦克风是得胜PC-K810，它的外观秀气，而且附带金属制的防喷罩和制作精良的防震架，如图2-17所示。

图2-17 得胜PC-K810

得胜PC-K810除了长得"美"之外，功能也不容小觑，具体表现在如图2-18所示的几个方面。

```
┌─ 使用范围广泛
得胜PC-K810的功能 ─包括─┼─ 音质好，明亮清晰
                      └─ 灵敏度高，反应快
```

图2-18 得胜PC-K810的功能

再来看联想UM10C麦克风，这款产品在外观上也毫不逊色，磨砂烤漆的工艺使人爱不释手，而且它的体积不算大，握在手里感觉比较舒适，这是它造型上的优势和特点，如图2-19所示。

图2-19 联想UM10C

在功能上，联想UM10C令人赞叹的优势，如图2-20所示。

```
┌─ 支持电脑、手机使用
联想UM10C的功能优势 ─包括─┼─ 操作简单，容易上手
                        └─ 音效处理，效果甚佳
```

图2-20 联想UM10C的功能优势

专家指点

虽然麦克风是拍摄短视频的辅助工具，但在选取的过程中也不能忽视它的功能细节，如支持电脑和手机使用，这为很多活跃于社交平台的短视频用户们提供了不少的便利。

如果想要拍摄出质量上乘的短视频，就要在每个过程中做到用心，不管是挑选设备，还是安排流程，都应如此。特别是涉及短视频的画面、音效等与硬件有关的问题时，必须引起注意，因为这些因素是可控的，可以通过事先准备的方式避免画面模糊、音效不佳等问题的发生，从而保证短视频的基本品质。

笔者想要介绍的最后一款麦克风是魅声T8-5电容麦克风，它的外形同样也是无可挑剔的，而且它还拥有强大的兼容功能，不管是手机、平板，还是电脑，都可以直接连上这款麦克风使用。在音质上，它的表现也是不凡的，它拥有双重网罩防噪声的强大功能，声音也比较清晰。

值得一提的是，它使用的是USB插口，因此操作起来比较方便，使用场景多样。图2-21所示为颜值爆表、功能多样的魅声T8-5电容麦克风。

图2-21 魅声T8-5

2.1.5 轨道车——在移动中拍出大片效果

摄像机轨道车也是拍摄视频时可以用到的辅助工具，特别是在拍摄外景、动态场景时，轨道车就显得必不可少了。图2-22所示为比较普通的轨道车。

图2-22 摄像机轨道车

实际上，根据拍摄场景的需要，轨道车还分为多种类型，如非载人电动滑轨、便携式载人轨道车、匀速电动轨道车及脚踏电动轨道车等。笔者在这里重点要讲的是使用轨道车的注意事项，主要分为两个阶段来讲，具体如下。

1. 准备阶段——细节工作要做足

在拍摄视频前，要做好使用轨道车的相关准备，避免在拍摄时出现差错而导致视频效果出问题。需要注意的事项包括以下几点。

（1）**选择地面**。使用轨道车要确保地面平整，如果无法避免拍摄地点的地面凹凸不平的情况，那么就要事先对地面进行妥善处理。例如用砖或木箱等结实、稳固的物体做好基础，再使用轨道车辅助拍摄。

（2）**确保接头紧密**。确保轨道与轨道之间的接头连接紧密，避免发生意外事故。

（3）**确保架子稳定**。三脚架和轨道车之间要连接好，确保平稳。

（4）**避开障碍**。注意电缆的摆放位置，避免轨道车在运行时压坏电缆。

（5）**提前试用**。在确认一切准备好之后，试着演练一遍，然后再开始正式拍摄。

2. 拍摄阶段——一切以拍摄为主

进入拍摄视频的阶段后,轨道车的作用显得尤为重要,此时要注意如图2-23所示的几个方面的问题。

图2-23 拍摄视频阶段的注意事项

专家指点

此外,为了保证拍摄画面的平稳,保证画面效果,要尽量避免使用长焦镜头(比标准镜头的焦距长的镜头,特点是视角小、透视效果差)在轨道车上拍摄,而且在拍摄的过程中还要防止工作人员踩踏轨道,以免造成画面的抖动。

2.1.6 无人机——从不同的角度看世界

随着无人机技术的迅速发展,以及出于摄影、摄像等方面的需要,航拍无人机已经成为拍摄某些特殊场景时必不可少的工具,它的优势如图2-24所示。

无人机的优势 —— 包括
- 小型轻便、高清晰度
- 大比例尺、智能化
- 低噪节能、高效率
- 画面丰富、广视角

图2-24 无人机的优势

图2-25所示为小型的航拍无人机,可以看出,它的体积不大,一般来说是由无线电遥控设备或机载计算机程控系统进行操控的。

图2-25 航拍无人机

第 2 章 拍摄技巧，轻松拍出大片范儿

无人机航拍的效果通常都是比较气派的，给人一种气势恢宏的感觉，图2-26所示为航拍的效果图。

图2-26 无人机航拍效果

拍摄短视频时，有几点是需要注意的：首先是场地的选择，对场地是否有障碍物、来往行人是否过多要进行事先的考察；其次是要避免没有想法就直接拍，在使用无人机拍摄视频前最好对要拍摄的内容、构图的大致方法进行确定，确保万无一失；最后，在拍摄时不转场（场景与场景之间的过渡和转换）也是错误的，转场的作用在于多角度拍摄，以获得较好的拍摄效果。因此，借助无人机拍摄视频时要多留心细节，如此才能发现更美的世界。

2.2 10种构图，凸显短视频的最佳美感

拍摄视频，实际上与拍摄图片相似，都需要对画面中的主体进行恰当的摆放，使画面看上去更有冲击力和美感，这就是构图。成功的摄影作品大多拥有严谨的构图，它的成功首先体现在构图的成功上。成功的构图能够使作品重点突出，有条有理，富有美感，令人赏心悦目。

因此，在拍摄视频的过程中，需要对摄影主体进行适当构图，只有遵循构图原则，才能让拍摄的视频富有艺术感和美感。

2.2.1 中心构图——重点突出、主体明确

中心构图是将视频拍摄主体放置在相机或手机画面的中心进行拍摄，这种视频拍摄方法能很好地突出视频拍摄的主体，让人易于发现视频重点，从而将目光锁定在对象上，了解它想要传递的信息。

中心构图拍摄视频最大的优点在于主体突出、明确，而且画面容易达到左右平衡的效果，构图简练，如图2-27所示。

图2-27 中心构图拍摄视频

专家指点

如果拍摄主体只有一个,就可以采用中心构图的方式来拍摄视频,而且这种方式操作十分简单,对技术上的要求不多,所以对于拍摄视频的新手来说极易上手,但要注意,采用中心构图拍摄视频时要尽量保证背景干净。

2.2.2　三分线构图——画面紧凑、平衡协调

　　三分线构图,顾名思义,就是将视频画面从横向或纵向分为3部分,在拍摄视频时,将对象或焦点放在三分线的某一位置上进行构图取景,让对象更加突出,画面更加美观。三分线构图属于比较经典又十分简单易学的视频拍摄构图技巧。在日常视频拍摄中采用三分线构图拍摄视频的例子数不胜数,只要稍微知道一点摄影构图知识,就知道三分线构图。

　　采用三分线构图的方式拍摄手机视频最大的优点就是将视频拍摄主体放在偏离画面中心1/6处,使画面不至于太枯燥与呆板,还能突出视频拍摄主题,使画面紧凑有力,如图2-28所示。

图2-28 三分线构图

　　三分线构图拍摄视频除了能使画面更加紧凑外,还能使视频画面具有平衡感,使视频画面左右更加协调。

> **专家指点**
>
> 值得注意的是,当使用手机拍摄视频时采用三分线构图,会有很多种构图方法。手机视频的三分线构图一共有7种方法,分别是上三分线构图、下三分线构图、左三分线构图、右三分线构图、横向双三分线构图、竖向双三分线构图和综合三分线构图,想要具体了解三分线构图的,可以关注微信公众号"手机摄影构图大全"进行详细的了解与学习。

2.2.3 前景构图——富有层次、对象醒目

前景构图是指拍摄者在拍摄手机视频时利用拍摄主体与镜头之间的景物进行构图的一种视频拍摄方式,即视频拍摄主体前面有一定的事物。

前景构图拍摄视频可以增加视频画面的层次感,在使视频画面内容更丰富的同时,又能很好地展现视频拍摄的主体。

前景构图拍摄视频分为两种情况。一种是将拍摄主体作为前景进行拍摄,如图2-29所示,视频中将拍摄主体——花直接作为前景进行拍摄,不仅使视频主体更加清晰醒目,而且还使视频画面更有层次感,背景则做虚化处理。另一种就是将除视频拍摄主体以外的事物作为前景进行拍摄,如图2-30所示,利用树作为前景,让观众在视觉上有一种向里的透视感的同时,又有身临其境的感觉。

图2-29 视频拍摄主体作为前景　　　　　　图2-30 将树作为前景交代视频拍摄环境

2.2.4 仰拍构图——细微区别、各有其美

在日常摄影中,需要抬头拍的都可以理解成仰拍。仰拍构图因角度的不同,又可以分为30°仰拍、45°仰拍、60°仰拍、90°仰拍。仰拍的角度不一样,拍摄出来的视频效果自然不同,只有深入了解细微差别,才能拍出不一样的大片效果。

30°仰拍构图拍摄视频是相对于平视而言的,手机摄像头从水面向上抬起30°左右即可。30°仰拍构图的特点为:倾斜角小;透视效果小;视频画面发生的畸变小。由下而上的仰拍就像小孩看世界的视角,会让画面中的主体散发出高耸、庄严的感觉,如图2-31所示。45°仰拍构图介于0°和90°仰拍之间。采用45°仰拍构图拍摄视频时,与水平面的夹角比30°要大一点,这样可以凸显视频拍摄主体的高大,如图2-32所示。

图2-31 30°仰拍构图拍摄视频

图2-32 45°仰拍构图拍摄视频

60°仰拍相比前面的30°仰拍和45°仰拍,仰角大了很多。自然,这种仰角所拍摄到的视频主体相比之前所拍摄到的主体看上去要更加高大与庄严。例如图2-33所示的视频,以蓝天作为背景,视频画面既显得干净整洁,又很好地突出了视频拍摄的主体对象。

90°仰拍就是以与水平面垂直的角度来进行视频的拍摄。这种构图方式必须站在视频拍摄主体水平方向的中心点的正下方进行拍摄,否则视频画面将出现歪歪扭扭的情况。图2-34所示为站在埃菲尔铁塔正中心下面,往上90°仰拍的铁塔的内部结构图。

图2-33 60°仰拍构图拍摄视频

图2-34 90°仰拍构图拍摄视频

2.2.5 光线构图——不同角度、光影艺术

对任何事物的拍摄都离不开光线,自然,手机视频的拍摄也离不开光线。在视频拍摄中所用到的光线很多,顺光、侧光、逆光、顶光是常见的4类光线。光线带给手机视频拍摄的不仅仅只是让人眼能够看见视频拍摄主体,利用好光线还可以使视频呈现出不一样的光影艺术效果。

顺光指从被摄者正面照射而来的光线,着光面是视频拍摄的主体,这是我们在摄影时最常用的光线。采用顺光构图拍摄视频,能够让视频拍摄主体呈现出自身的细节和色彩,从而进行细腻的展现,如图2-35所示。

侧光是指光源的照射方向与视频拍摄方向成直角,光源从视频拍摄主体的左侧或右侧直射来的光线。因此被摄物体受光源照射的一面非常明亮，而另一面则比较阴暗，画面的明暗层次非常鲜明。采用侧光构图拍摄视频，可以体现出一定的立体感和空间感，如图2-36所示。

图2-35 顺光构图展现主体的细节和色彩

图2-36 侧光构图展现主体的立体感与空间感

逆光是一种具有艺术魅力和较强表现力的光线。它是视频拍摄主体刚好处于光源和拍摄设备之间时的光线，但是这种光线容易使被摄主体出现曝光不足的情况，图2-37为利用逆光拍摄的风景视频，画面中的左上角和右下角呈现出明显的明暗反差，使画面的立体感更强了。

顶光，顾名思义，是炎炎夏日时正午的光线，从头顶直接照射到视频拍摄主体上的光线。顶光竖直照射在视频拍摄主体上，阴影在视频拍摄主体下方，面积很小，几乎不会影响视频拍摄主体的色彩和形状的展现，顶光很亮，能够展现出视频拍摄主体的细节，使视频拍摄主体更加明亮，如图2-38所示。

图2-37 逆光构图

图2-38 顶光构图拍摄手机视频

专家指点

拍摄视频时用到的光线远远不止笔者提及的这4种，除了顺光、侧光、逆光和顶光之外，还有散射光、直射光、底光、炫光、自然光、人造光等，而且不同时段的光线又有所不同。由于篇幅有限，笔者不能一一为大家介绍，想要更深入学习光线在摄影中的运用的朋友，可以在《手机摄影构图大全——轻松拍出大片味儿》一书中进行更好的了解与学习。

2.2.6 景深构图——光圈调节、效果对比

景深是当某一物体聚焦清晰时，从该物体前面到其后面的某一段距离内的所有景物也都是相当清晰的，焦点相当清晰的这段前后的距离叫作景深，而其他地方则是模糊（虚化）的效果，如图2-39所示。

图2-39 景深

在利用手机拍摄视频时，想要取得良好的景深效果，一般都是利用光圈来实现。在很多智能手机的视频拍摄功能中，都可以自由调节视频拍摄的光圈大小。具体步骤以华为手机为例，打开手机相机，❶点击"录像"按钮。❷点击光圈按钮 ，❸滑动刻度条即可调整视频拍摄的光圈大小，如图2-40所示。

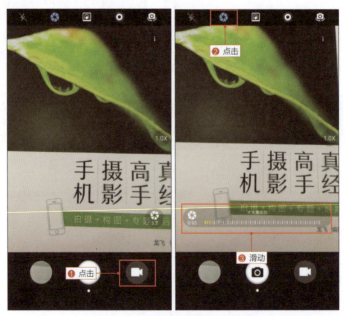

图2-40 华为手机视频拍摄的光圈的调节

第 2 章 拍摄技巧，轻松拍出大片范儿

> **专家指点**
>
> 对于手机拍摄视频时的光圈调节，笔者这里有一些口诀可以帮大家很好地分辨光圈与景深的关系，具体如下。
>
> 光圈越小，焦点越远，焦距越短，景深越大；光圈越大，焦点越近，焦距越长，景深越小。对于任何光圈孔径，其焦点之后的景深范围大约是焦点前面景深的两倍。光圈数值越小，则光圈越大；光圈数值越大，则光圈越小。

手机拍摄视频时调整光圈的时候要注意，一旦光圈开得过大，可能会影响镜头的成像效果，视频画面会显得不够锐利，通常我们将光圈数值设置为F5.6~F8即可，大家在拍摄视频时可以多调整、多试拍，找到合适的即可。因为每个人想要拍出的效果不相同，因此笔者在这里提供的数值标准可能并不符合所有人的要求，最好的方法就是多实践，在拍摄的过程中总结出属于自己的一套独特经验。

值得注意的是，并不是所有的手机都自带光圈调节这一功能，有的手机在拍摄视频这方面可能就不支持拍出景深效果，这时可以借助应用商店中的辅助应用。笔者在这要介绍一款实用好上手的App——Camu，它不仅是拍照的好帮手，同时也是录像的法宝。这款App较为显著的功能就是可以拍摄出景深效果，而且操作起来简单方便，具体操作步骤如下。

步骤01 进入Camu主界面，如图2-41所示，❶点击"相机"图标 ，出现3个图标，❷点击选中"摄像"图标 ，如图2-42所示。

图2-41 点击"相机"图标　　　　　　图2-42 选中"摄像"图标

步骤02 进入摄像主界面，❶点击如图2-43所示的界面的左上方的图标 ，随即进入如图2-44所示的界面，❷点击界面右下方的"景深"按钮即可。

图2-43 摄像主界面　　　　　图2-44 点击"景深"按钮

步骤03 接着会进入摄像界面，❶点击想要突出的局部画面，便会出现如图2-45所示的光圈图标，❷接着点击界面中间的图标◉，拍摄视频的画面如图2-46所示。

步骤04 拍摄完成后，❶点击如图2-46所示的图标■，接着会出现如图2-47所示的界面，查看视频拍摄效果。如果达到了效果，❷就点击左边的图标✓存储视频；如果不满意，❸就点击右边的图标✗删除视频。

图2-45 点击圆形图标　　　图2-46 视频拍摄界面　　　图2-47 存储或者删除视频

2.2.7 九宫格构图——均衡画面、自然生动

九宫格构图又叫井字形构图，是黄金分割构图的简化版，也是最常见的构图手法之一，如图2-48所示。

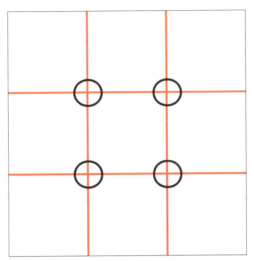

图2-48 九宫格构图

九宫格构图是最常见、最基本的构图方法，利用九宫格拍摄视频，就是把视频画面当作一个有边框的区域，把上、下、左、右四个边都分成三等份，然后用直线把这些点对应地连接起来，形成一个"井"字，交叉点叫作"趣味中心"，把主体放在"趣味中心"上就是九宫格构图。

九宫格构图中一共有4个趣味中心，每一个趣味中心都将视频拍摄主体置于偏离画面中心的位置上，在优化视频画面空间感的同时，又能很好地突出视频拍摄主体，是十分实用的构图方法。此外，用九宫格构图拍摄视频，能够使视频画面相对均衡，拍摄出来的视频也比较自然和生动。图2-49所示是将主体放在左下方趣味中心处的视频拍摄示例。

将画面中最吸引人视线的两个主体置于下方两个交叉点处的方法十分适合拍摄天空，可以使画面更纯净。如图2-50所示，树木的剪影处于下方的两个交叉点处，上方的天空与云彩十分具有层次感。

图2-49 九宫格左下方单点构图视频拍摄示例

图2-50 九宫格下方双点构图视频拍摄示例

> **专家指点**
>
> 用九宫格拍摄视频，除了笔者提到的左下方单点构图和下方双点构图以外，还有左上方单点构图、上方双点构图、左侧双点构图、右侧双点构图、正对角线两点构图等。由于篇幅有限，笔者不能一一举例说明，希望大家多多尝试九宫格不同的趣味中心构图。

2.2.8 黄金分割构图——观感舒适、美的享受

所谓黄金分割，是指由古希腊的数学家毕达哥拉斯发现的黄金分割定律。毕达哥拉斯认为，任何一条线段上都存在这样一点，它可以使部分与整体较长的比值等于较短部分与较长部分的比值，即较长部分/全长=较短部分/较长部分，其比值约为0.618，这就是黄金比例。黄金比例被誉为完美比例，按照这个比例设计的事物能引起人对于美的感受。而在视频拍摄中用到的黄金分割构图，也来自于毕达哥拉斯著名的黄金分割定律。

在视频拍摄中，黄金分割不仅可以表现为对角线与它的某条垂直线的交点，也可以表现为在某种特殊情况下形成的螺旋线，而且，我们用线段就可以来表现视频画面的黄金比例，对角线与过相对的顶点的垂直线的交点，即垂足就是黄金分割点，如图2-51所示。

黄金分割除了可以是对角线与它的某条垂直线的交点之外，它还可以是以每个正方形的边长为半径所延伸出来的一条具有黄金比例的螺旋线，如图2-52所示。

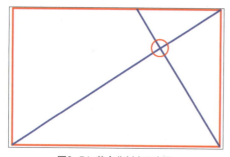

图2-51 黄金分割点示意图

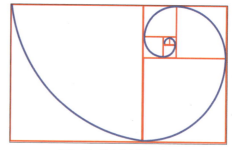

图2-52 黄金分割线示意图

利用著名的黄金分割点来构图是很多经典影视剧里的一大亮点，这也表明黄金分割定律在视频拍摄中是很受欢迎的，因为它在突出视频拍摄主体的同时，还能使人在视觉上感觉十分舒适，从而产生美的享受，如图2-53和图2-54所示。

图2-53 黄金分割构图拍摄手机视频1

图2-54 黄金分割构图拍摄手机视频2

2.2.9 透视构图——延伸成点、立体感强

透视构图是指视频画面中的某一条线或某几条线有由近及远形成的延伸感,能使观众的视线沿着视频画面中的线条汇聚到一点。视频拍摄中的透视构图分为单边透视和双边透视。单边透视是指视频画面中只有一边带有由远及近形成延伸感的线条;双边透视则是指视频画面两边都带有由远及近形成延伸感的线条。

视频拍摄中的透视构图可以增强视频画面的立体感,而且透视本身就有近大远小的规律,视频画面中近大远小的事物组成的线条或者本身具有的线条能让观众沿着线条指向的方向去看,有引导观众视线的作用。用单边透视构图拍摄视频能增强视频拍摄主体的立体感,如图2-55所示。

图2-55 单边透视构图拍摄的视频

双边透视构图能很好地汇聚观众的视线,使视频画面更具有动感和深远意味,如图2-56所示。

图2-56 双边透视构图拍摄的视频

> **专家指点**
>
> 透视构图除了分为单边透视构图和双边透视构图这两个大类以外，每个大类下面又有细分。单边透视构图又分为上单边透视构图、下单边透视构图、左单边透视构图、右单边透视构图，而双边透视构图又细分为上双边透视构图、下双边透视构图、左双边透视构图和右双边透视构图。不同的透视构图所拍摄的视频给人的感受各有不同，大家要多进行实战操作，才能对其更加了解。

2.2.10　圆形构图——规整唯美、不拘一格

圆形构图是指在拍摄视频时利用手机视频画面中出现的圆形来进行构图。圆形本身就带有独特的美感，利用圆形构图拍摄视频可以使视频画面产生整体感，并能产生旋转的视觉效果。

圆形构图包括正圆形构图和椭圆形构图，正圆形构图能给人规整完美的感觉，而且也很好掌握，如图2-57所示。

图2-57　正圆形构图拍摄的视频

椭圆形构图拍摄的视频能让画面看上去不拘一格，并使视频画面的动感和空间感加强，如图2-58所示。

图2-58　椭圆形构图拍摄的视频

2.3 两大技巧,实战中不可不知的秘诀

在拍摄视频的时候,除了设备要齐全、构图方法要恰当之外,还要注意如何使用设备,以及如何对拍摄视频的外在因素,如时间、对象、地点等进行考虑和选择。而要做到这些,如果没有细致的心思和善于思考的大脑是不行的,因此拍摄视频不仅是技术上的操作问题,同时也是对一个人全面思考能力的考察。

本节主要就拍摄视频中的小窍门、小秘诀进行总结和介绍,以供大家在实战过程中借鉴,避免走弯路和岔路。

2.3.1 巧借设备——拍出短视频的质感

在拍摄视频时,很多人喜欢直接把手机作为基本设备,但很多拍摄者在使用手机拍摄视频的时候会发现一个共同的问题:由于自身的运动,仅仅依靠单手或双手为手机做支撑往往很难保证手机视频画面的稳定。那么,应该如何保持视频画面不受外界的影响,拍出稳定完美的效果呢?

这个时候,就需要借助视频拍摄稳定工具了,它们可以用来保持手机的稳定,避免视频画面晃动,下面笔者就来为大家介绍几款能让手机稳定拍摄的工具。

1. 手机视频稳定器——让画面不再抖

在利用手机拍摄视频的时候,拍摄者可以利用手机视频稳定器来防止出现手机晃动而导致视频模糊的情况,从而顺利进行手机视频的拍摄。

手机视频稳定器一般是指手持云台,云台就是在安装和固定摄像机的时候在下面起支撑作用的工具,多用在影视剧拍摄当中,分为固定和电动两种。固定云台与电动云台相比视野和云台本身的活动范围较小,电动云台则能支持更大的范围,是十分专业的视频拍摄辅助器材。

手持云台就是将云台的自动稳定系统应用在手机视频拍摄上,它能自动根据视频拍摄者的运动调整手机方向,使手机一直保持在平稳的状态,无论视频拍摄者在拍摄期间如何运动,手持云台都能保证手机视频拍摄的稳定,图2-59所示为手持云台。

图2-59 手持云台

手持云台一般来说质量较轻，女生也能轻松驾驭。可以一边充电一边使用，续航时间也很长，而且还具有自动追踪和蓝牙功能，可以即拍即传。部分手持云台连接手机之后，无须在手机上操作，也能实现自动变焦和视频滤镜切换，对于使用手机拍摄视频的人群而言，手持云台是一个很棒的选择。

> **专家指点**
>
> 相对于很多视频拍摄稳定工具来说，手持云台是笔者最推荐的视频拍摄稳定器，但由于手持云台的价格相对于其他视频拍摄支架来说较高，从几百元到几千元不等，所以如果对价格有顾虑，就需要慎重考虑。

2. 手机支架——更加稳妥的选择

手机支架，顾名思义，就是支撑手机的支架。一般来说，手机支架都可以被固定在某一个地方，解放双手，从而保证手机的稳定，所以，手机支架也能帮助拍摄者在拍摄视频时保证手机的稳定。手机支架在价格上相对于手持云台来说就要低很多，一般十几元或几十元就能买一个较好的手机支架，它对于想买视频拍摄稳定器，但是又担心价格太贵的朋友来说是一个很好的选择。

现在市面上的手机支架的种类很多，款式也各不相同，但大都是由夹口、内杆和底座组成的，能够夹在桌子、床头等地方。图2-60所示为主流的手机支架。

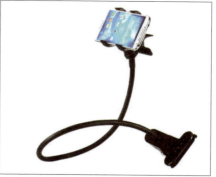

图2-60 手机支架

使用手机支架拍摄手机视频时要注意的是，手机支架能保持手机的稳定是因为支架被固定在某一个地方，一般来说，手机支架多用在视频拍摄主体运动范围较小时，如果运动范围较大，超出了手机镜头的覆盖范围，拍摄者依然需要将手机支架和手机拿起来，这样依然不能保证手机的稳定。

所以，手机支架多用于主体小范围运动的视频的拍摄，拍摄范围最好不要超过手机镜头覆盖的范围，只有这样，才能保证手机的稳定，也才能够保证视频画面的稳定。

> **专家指点**
>
> 此外，前面提到的三脚架也是帮助拍摄视频的好工具，手机三脚架用在手机视频拍摄当中能很好地保证手机的稳定。而且大部分手机三脚架具有蓝牙功能和无线遥控功能，可以解放拍摄者的双手，远距离也能实时操控。同时，手机三脚架还可以自由伸缩，满足某区间内不同高度环境下的视频拍摄，在价格方面，手机三脚架比手持云台便宜，但比起手机支架高一点。

2.3.2 对象选择——拍出短视频的中心

视频的拍摄除了要清晰地展现视频拍摄的主体以外，还要明确地体现视频想要表达的主题。往往有中心思想的视频才有独特的灵魂，纵观经典影片，每一部都是因为有自己的灵魂，才使其历久弥新，这正体现了视频拍摄主题的重要性。

要想更好地表达视频的中心思想，就需要视频呈现良好的画面，而要呈现良好的画面，首先就必须将视频拍摄的主体拍摄好，只有对主体有了清晰的展现，才能保证视频中心思想能被更清晰地表达与传递。

1. 拍摄主体的选择——轻松展现主题

所谓主体，就是指视频所要表现的主题对象，是反映视频内容与主题的主要载体，也是视频画面的重心或中心。在视频拍摄中，主体的选择十分重要，它关系到拍摄者想要表达的中心思想能否被准确且正确地表达。一般来说，可以更好地展现出视频拍摄主体的方法主要有两种。第一种是直接展现视频拍摄主体，也就是说，在视频拍摄时，直接将想要展现的拍摄主体放在视频画面最突出的位置，如图2-61所示。

图2-61 直接展现视频拍摄主体

图2-62 间接展现视频拍摄主体

第二种是间接展现视频拍摄主体，也就是通过渲染其他事物来表现视频拍摄主体，主体不一定要占据视频画面中很大的面积，但也要突出，占据画面中关键的位置，如图2-62所示。

拍摄者想要展现的中心思想要通过视频拍摄的主体来表达，这就要求视频画面的主体必须被准确展现，只有将其放置在视频画面中的突出位置，才能被观众一眼看到，起到表达主题的作用。

在展现视频拍摄主体，采用直接展现的方法时，一般用得比较多的构图方式是主体构图或中心构图，也就是使拍摄的视频主体充满视频画面，或者将其放在视频画面的中间位置，也可以让画面中的主体占据较大面积，使用明暗对比或色彩对比衬托主体。如果拍摄者想要间接展现视频拍摄主体，一般可采用九宫格构图或三分线构图的方式，将主体放在偏离视频画面中心但又十分突出的位置。

2. 拍摄陪衬的选择——侧面烘托中心

陪衬也就是视频拍摄中的陪体部分,所谓陪体,是指在视频画面中对拍摄主体起到突出与烘托作用的对象。一般来说,在视频拍摄中,主体与陪体相辅相成,相互作用,使视频画面层次更加丰富,也使视频的主题随着主体与陪体的相互作用而不断增加。

在大多数时候,视频画面中出现的陪体往往不可或缺,一旦陪体被去掉,视频画面的层次感就会降低,与此同时,视频想要表达的主题也就随之减少甚至是消失,这说明在视频拍摄中,一旦出现了陪体,那么陪体的作用就不可小觑,如图2-63所示。

图2-63 视频画面中出现陪体

从图2-63中可以看出,视频画面的主体是猫,草叶则作为陪体出现在画面中,在使视频画面左右平衡的同时,又让视频画面的层次更加丰富,使视频画面更具有生命力与活力。

在进行视频拍摄的时候,如果准备在视频画面中加入陪体,就需要注意陪体所占据的视频画面的面积不可大于视频主体。另外,要合理调整主体与陪体之间的位置关系和色彩搭配,切不可"反客为主",使视频主体失去主导地位。

3. 拍摄环境的选择——整体突出主体

在视频拍摄中所说的拍摄环境,从严格意义上来说与视频拍摄的陪体非常类似,主要是在视频中对视频拍摄主体起到说明的作用,包括前景和背景两种形式,主要是对视频拍摄主体进行解释、烘托和加强,也可以在很大程度上加强观众对视频主体的理解,让视频的主体更加清晰明确。

拍摄环境几乎是所有视频都不可分割的重要部分,一般来说,如果只是单单对视频拍摄主体进行展示,往往很难对中心思想进行更多的表达,而加上了环境,就能让观众在明白视频拍摄主体的同时,更容易明白拍摄者想要表达的思想与情感。

对于视频拍摄中的环境选择,下面大致从前景与背景两方面做分析。前景是指在拍摄视频时位于视频拍摄主体前方或者靠近镜头的景物,前景在视频中能起到增强视频画面纵深感和丰富视频画面层次的作用,如图2-64所示。背景是指位于视频拍摄主体背后的景物,可以让拍摄主体的存在更加和谐、自然,同时还可以对视频拍摄主体所处的环境、位置、时间等进行一定的说明,更好地突出主体,营造视频画面的气氛,如图2-65所示。

图2-64 视频拍摄前景

图2-65 视频拍摄背景

4. 拍摄时间的选择——及时抓住时机

对于视频拍摄来说,拍摄时机也很重要,一方面,世间万物都有其自身的时节,一旦错过了,就不得不等到下一次,例如你想要拍摄荷花,就必须夏天拍摄,想要拍摄露珠,就必须清晨或傍晚拍摄,所以,在进行视频拍摄的时候,要注意抓住时机。

另一方面,对于同一个视频拍摄主体来说,在不同时间点拍摄的视频画面所呈现出来的效果也是完全不同的,图2-66所示为白天和晚上两个不同时段拍摄的同一座大桥,可以看出两个视频中所呈现的画面感是完全不一样的。

图2-66 不同时段拍摄的同一事物

2.4 5个步骤,让短视频拍摄成为小菜一碟

了解了这么多关于短视频拍摄的知识——用什么设备拍、怎么构图、怎么拍出好的效果,现在"万事俱备,只欠东风",就差对短视频拍摄的基本流程进行大致的了解了。

一般谈到视频的拍摄,大家想到的第一步大多都是设计剧本,实际上,拍摄短视频首先需要的是"人",也就是组建一个团结高效的团队。因为只有借助众人的智慧,才能将短视频打造得更加完美。下面就来看看到底如何让拍摄短视频成为小菜一碟。

2.4.1 团队组建——关于"人"的选择

第一步的重点是"人",组建高效的短视频团队并不是一件容易的事,当然它也有一定的方法可循。在组建团队之前,我们需要提出几个问题:我们需要什么样的人拍摄短视频?我们怎么找到这些人?找到这些人我们怎么分配任务?

第一个问题是需要什么人。这其实也是根据工作的内容决定的,拍摄短视频需要做的工作很多,包括策划、拍摄、表演、剪辑、包装及运营等。举个例子,如果拍摄的短视频内容为生活垂直类的,每周计划推出2~3集内容,每集为5分钟左右,那么大概4到5个人就够了,分别负责编导、运营、拍摄及剪辑岗位。

第二个问题是这些人负责什么具体任务。例如第一个问题中提到的4个岗位各自应该负责的具体任务如图2-67所示。

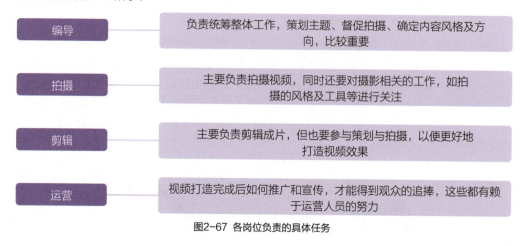

图2-67 各岗位负责的具体任务

第三个问题是怎么为团队招到合适的人。招聘人员在任何行业和企业都是一大难题,但实际上,如果已经有了明确的目标,选择不会太难。如果没有明确的目标和需求,那么会不亚于大海捞针。

因此,对于短视频团队的人员招聘而言,要遵循相应的流程,如此才能有条不紊,招到合适的员工,具体的招聘流程如图2-68所示。

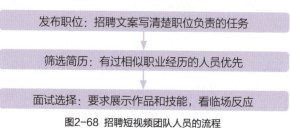

图2-68 招聘短视频团队人员的流程

专家指点

组建短视频团队的重点在于找到对的人,在招聘到需要的人员后,一开始可能有的员工不会很快地进入自己的角色,但随着慢慢的调整,每个人都会逐渐找到自己的位置,从而为团队的发展做出贡献。

2.4.2 剧本策划——有关"内容"的打造

接下来就切入正题了,"思想指导行为",因此打造一个优质的短视频要做的就是策划内容,写剧本,这一步骤的重点在于"内容"。无论是短视频还是文字、图片,实质上都是以内容为重的,如此才能进行下一步的行动。

策划剧本就像写一篇作文,有主题思想、开头、中间及结尾,情节的设计就是丰富剧本的组成部分,也可以看成小说中的情节设置。一篇成功的吸引人的小说必定少不了跌宕起伏的情节,剧本也是一样,因此在策划时要注意几点,具体如图2-69所示。

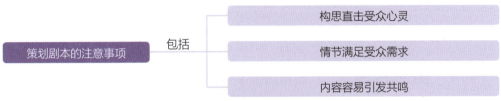

图2-69 策划剧本的注意事项

除了在情节内容上要多多思考之外,在台词、角色等方面也要下苦功夫,具体要求如图2-70所示。

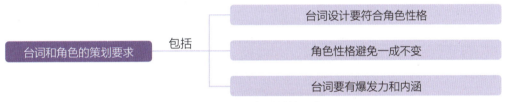

图2-70 台词和角色的策划要求

2.4.3 视频拍摄——正式"开拍"重实践

这一步骤其实是根据短视频内容的方向而设置的,重点在于"拍",拍摄视频是流程中的执行阶段,也是重中之重。当然,并不是拿着策划好的剧本就能马上开始拍,在开拍之前还要做好相关的准备工作,例如如果是拍外景的话,就要提前对拍摄地点进行勘察,看看哪个地方更适合视频的拍摄。除此之外,还要注意的事项包括如图2-71所示的几点。

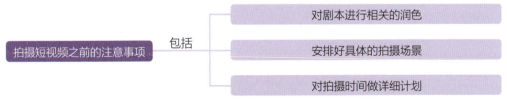

图2-71 拍摄短视频之前的准备工作

值得注意的是,在拍摄短视频的时候是需要完备的条件的。设备、人员、内容,三者缺一不可,具体如图2-72所示。

```
                    ┌─ 人员 ──── 演员、拍摄人员及相关的工作人员等
拍摄短视频需要的对象 ─┼─ 设备 ──── 拍摄的工具及辅助工具，如智能手机等
                    └─ 内容 ──── 已经完成的剧本，包括台词和人物定位
```

图2-72 拍摄短视频需要的3大对象

专家指点

"拍"这一步骤至关重要，不仅需要策划、摄像、编辑、运营等岗位的共同参与，而且还要注意很多细节，工作量比较大。即使是自导自演的低门槛短视频，也要耗费巨大的心血，因为它是将想法付诸实践的第一步。"万事开头难"，当然，其实只要迈出这脚踏实地的一步，后面的步骤就会简单很多。

2.4.4 剪辑包装——后期制作显"光彩"

视频基本制作完成以后，并不是万事大吉、大功告成了，这时候后期显得尤为重要。这一步骤的重点在于"包装"。说起包装，人们一般都会想到商品的华丽包装或者打造明星的浮夸手段，那么，视频的"包装"也是如此吗？其实，"包装"只是一种形象的比喻，如果没有剪辑和包装，怎么能快速地引起他人的注意呢？

对于视频而言，剪辑是不可缺少的重要环节，在后期剪辑中，需要注意的是素材之间的关联性，如镜头运动的关联、场景之间的关联、逻辑的关联及时间的关联等。

在对短视频进行剪辑包装时，不仅仅是保证素材之间有较强的关联性就够了，其他方面的点缀也是不可缺少的，主要有如图2-73所示的工作要完成。

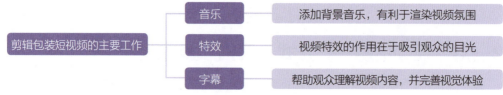

图2-73 剪辑包装短视频的主要工作

当然，笔者在这里提到的只是后期剪辑的皮毛，具体的软件操作在后面的章节中会详细阐述。剪辑的重点在于"细""新""真"，如图2-74所示。

```
"细"——细致 ──── 剪辑要细致，素材之间衔接要自然，做到细腻无痕

"新"——新意 ──── 剪辑出来的效果要有新意，附带上自己的独特想法

"真"——真诚 ──── 学会从不同的角度看剪辑，考虑观众的想法，带入自己的真
                心，而不是敷衍了事
```

图2-74 剪辑的重点

总的来说，后期包装并不是说要让视频拥有多么绚烂的特效或者多么动人的背景音乐，而是要看剪辑师有没有用心在做这件事。因此，如果要对视频进行包装，一定要牢记上面提到的3点，同时多看看关于艺术剪辑的书籍，如《看不见的剪辑》等。

2.4.5　上传发布——与人"分享"的快乐

给短视频包装完毕后，就要让它大放光彩了，这就是最后一步——上传和发布，简单来说即"分享"。一个作品如果只是完成了，但没有让更多人知道，那么它还没有达到真正意义上的成功。只有与他人分享了，才能知道自己的作品到底有没有达到预期的效果。

短视频的上传和发布比较简单，而且渠道、平台多且广，如果是手机拍摄的视频，那么上传和发布就更加便捷，可以说是一条路走到底，只要按着操作指示做就好。

以美拍平台拍摄的短视频为例，在剪辑完成后，可以直接进入分享界面，如图2-75所示。在空白处可以输入与短视频内容相关的文案，吸引他人观看，还可以同步分享到其他社交平台上，如微信、微博、QQ空间等。

如果想要分享至微信朋友圈中，❶点击"微信朋友圈"按钮，❷点击"分享"按钮，接着进入如图2-76所示的微信动态发布界面，输入想要说的话，❸点击"发表"按钮即可。

图2-75　分享界面

图2-76　分享至朋友圈

短视频在专业的平台上传播还是很方便的，只需要点击几下即可，值得注意的是，如果希望自己创作的内容被更多人发现、欣赏，就要学会广撒网，在渠道上下功夫。笔者在接下来的章节里提到的多个平台会提供一些推广短视频的思路，当然，最重要的还是真正学会如何拍摄视频。只有作品制作出来了，才有推广宣传可言。

第 3 章

手机平台，玩转短视频拍摄

目前的短视频大多都是活跃在各大社交平台上的，如微信、微博、快手等，由此可见移动端的短视频制作实际上是相当重要的。手机不仅自带拍摄视频的功能，而且还可以借助各种平台、工具发布短视频，扩大短视频的传播范围。

3.1 6个热门应用,助力短视频拍摄更上一层楼

说到通过手机拍摄短视频,就让人不由自主地想到各式各样的手机App,它们不仅提供拍摄短视频的良好平台,而且还各具特色,让短视频拍摄变得简单可行。本节笔者将介绍几款热门好用的App,助力短视频拍摄更上一层楼。

3.1.1 美拍App——多种选择、简单可行

美拍App是笔者经过对下载商店的下载数据量进行对比之后,选出的被下载次数最多的一款短视频拍摄软件,其被下载次数达6 284万余次,该软件自面世以来,曾多次蝉联软件下载榜榜首。

1. App的发展简介

美拍App是一款由厦门美图网科技有限公司开发和发布的一款集直播、手机视频拍摄和手机视频后期处理等功能于一身的视频软件。美拍App从2014年面世之后就赢得了众多人的狂热追捧,可以算得上开启了短视频拍摄的大流行阶段。后经众多明星的使用与倾情推荐,其真正深入到了人们的心中,每当人们想起短视频拍摄时,总会想到美拍App,所以这款软件深入民心的程度可见一斑。图3-1所示为美拍App图标及进入界面。

图3-1 美拍App图标及进入界面

2. App的特色

美拍App的特色是4个"最",如图3-2所示。

```
                              ┌─ 在短视频领域,用户规模最大
                              │
                              ├─ 微博平台上的话题阅读量最多
        美拍App的特色 ─包括─┤
                              ├─ "全民社会摇"广场活动参与用户最多
                              │
                              └─ "扭秧歌"春节拜年活动用户规模最大
```

图3-2 美拍App的特色

此外,美拍App主打"美拍+短视频+直播+社区平台"。这是美拍App的另一个特色,即从视频拍摄到分享,形成了一条完整的生态链,这足以使它为用户积蓄粉丝力量,再将其变成一种营销方式。

3. App的功能

美拍App主打直播和短视频拍摄，以20多个不同类型的频道吸引了众多粉丝参与和关注。如图3-3所示，进入美拍App主界面，点击图标 ，就可以看见美拍App主要功能界面。

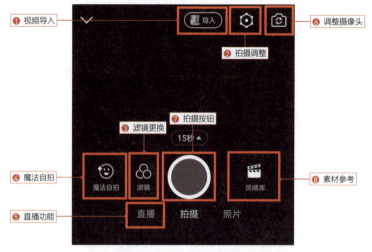

图3-3 美拍App主要功能界面

❶视频导入：美拍App除了可以拍摄手机短视频之外，还能导入手机里的其他软件拍摄的短视频，再进行编辑。

❷拍摄调整：拍摄调整包含"美颜""延时拍摄""音乐"、画幅及"闪光灯"等功能，用户在进行视频拍摄前可以对相应选项进行调整。

❸滤镜更换：众多风格不一的滤镜，能让视频秒"换装"。

❹魔法自拍：既可以自拍，也可以拍摄其他事物，还能在里面使用各色表情贴图，使视频拍摄更加有趣。

❺直播功能：美拍App的直播功能十分强大，可以在线美颜直播，播主除了可以直播以外，还能与粉丝互动，还有礼物系统，用户们可以双向互动。

❻调整摄像头：主要用于将摄像头调整为前置摄像头或后置摄像头。

❼拍摄按钮：点击即可进行短视频的拍摄。

❽素材参考：作为素材参考的"灵感库"可以帮助不知道拍摄哪种题材或风格的用户找到参考。

此外，美拍App还有些细节功能：一是为用户提供了15秒、60秒及5分钟等视频时长选项；二是具有强大的MV特效和大头电影等有趣的功能，能帮助用户拍摄出更个性化的手机短视频；三是表情文让照片也能"说话"，提供在线音乐，可以边听边感受。

> **专家指点**
>
> 美拍App主打直播与美拍，而且其虽然对拍摄视频的时长做出了相应的改变，但用户还是比较受限制，只能选择软件提供的几种时长选项，用户并不能自定义视频拍摄时长，所以在使用美拍App拍摄的时候，要注意对视频拍摄时间的把握。

3.1.2 "Faceu激萌"App——表情自拍、百变精灵

Faceu激萌App是一款由脸萌团队开发和发布的一款集图片自拍与短视频自拍功能于一身的拍摄软件。

1. App的发展简介

Faceu激萌App主打表情自拍,包括表情图片自拍与表情视频自拍,相对于很多自拍软件只是针对用户脸部采用贴纸来说,Faceu激萌App是对用户整张脸进行表情变形,更能达到新奇和有趣的自拍效果。图3-4所示为Faceu激萌App图标及登录界面。

图3-4 Faceu激萌App图标及登录界面

2. App的特色

Faceu激萌App被称为"卖萌神器",最大的特色自然就是表情化的自拍,内含多款动态表情,猫咪表情是"萌中圣品",图3-5所示为表情自拍示例。

图3-5 表情自拍示例

Faceu激萌App主要是让用户用新"视界"重新审视"萌萌哒"的自己,以便更好地展示自己。

3. App的功能

Faceu激萌App主打表情自拍，其主要功能界面如图3-6所示。

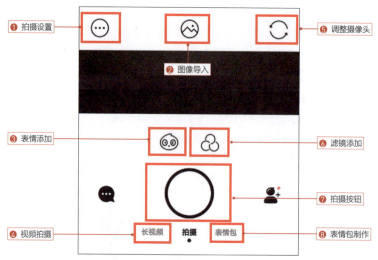

图3-6 Faceu激萌App主要功能界面

❶拍摄设置：Faceu激萌App中的拍摄设置主要是可以在拍摄时设置"触屏拍照""延时拍摄""闪光灯""相机设置"及拍摄画幅等。

❷图像导入：图像导入包含图片导入与视频导入，可以将不是由Faceu激萌App拍摄的图片与视频导入到Faceu激萌App当中。

❸表情添加：为图像或视频添加动态表情贴纸。

❹视频拍摄：点击即可进行视频拍摄。

❺调整摄像头：主要用于将摄像头调整为前置摄像头或后置摄像头。

❻滤镜添加：为视频或图像的拍摄添加实时滤镜，转换其风格。

❼拍摄按钮：点击即可进行短视频的拍摄。

❽表情包制作：Faceu激萌App的表情包制作也就是其特有的表情包DIY，用户可以自行制作表情包，有很强的参与性与趣味性。

Faceu激萌App除了自拍功能强大之外，还有强大的社区交流功能，用户可以在Faceu激萌App中与好友聊天互动，可以结识志同道合的"萌友"，还能进行视频、美照一键式分享，让视频、图片分享更加简单。

> **专家指点**
>
> Faceu激萌App是一款集拍摄图片和拍摄视频功能于一身的软件，在使用Faceu激萌App拍摄视频时要注意视频时长是软件本身就限定了的。因此，在拍摄视频的时候，除了要留意视频的自拍特效是否唯美之外，还要注意拍摄视频的时间长短，避免造成超过时长限制而无法打造完整视频的结果。

3.1.3 "抖音短视频"App——专注于音乐、动感节奏

抖音App是一款由北京微播视界科技有限公司开发的专注于15秒音乐视频的拍摄软件。

1.App的发展简介

相对于一般的短视频拍摄软件来说，抖音App的出现犹如一股清流，抛弃了传统的短视频拍摄，转而拍摄音乐短视频，对于如今的年轻人来说，这一软件能让他们以不一样的方式来展示自我。此外，抖音App中的音乐节奏感十分明朗强烈，让追求个性和自我的年轻人争相追捧。图3-7所示的是抖音App的图标及登录界面。

图3-7 抖音App图标及登录界面

2.App的特色

相比于其他的短视频拍摄软件只是在视频的呈现方式上下功夫，抖音App则另辟蹊径，以音乐为主题进行视频拍摄，这是其最大的特色。

3.App的功能

抖音App作为一款音乐短视频拍摄软件，主要功能自然是音乐视频的拍摄。进入抖音App主界面，点击图标 ⊕ ，即可进入抖音App功能界面，如图3-8所示。

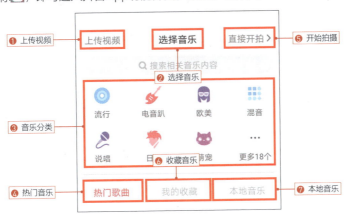

图3-8 抖音App主要功能界面

❶上传视频：将已经拍摄好的视频上传至抖音App平台上。

❷选择音乐：选择相应音乐即可录制与音乐相配合的视频。

❸音乐分类：将音乐系统划分，方便有不同喜好的用户选择自己喜欢的音乐类型。

❹热门音乐：时下流行度高、传唱度高的音乐。

❺开始拍摄：选择好音乐之后可以直接开始拍摄，如果不想选择音乐也可以直接点击进入拍摄界面。

❻收藏音乐：可以将喜欢的音乐收藏起来，以便在后面拍摄视频的时候直接从"我的收藏"当中选择使用。

❼本地音乐：用户手机中拥有的音乐。

此外，抖音App还有一些小功能值得关注：一是在主界面为用户提供了相关的音乐推荐，用户可以根据自身的喜好选择相应的背景音乐；二是用户可以选择快拍或者慢拍这两种视频拍摄方式，并且可以添加滤镜、贴纸及特效，帮助用户将音乐短视频拍摄得更加具有多变性和个性；三是抖音App还能将拍摄的音乐短视频分享到朋友圈、微博、QQ空间中或有针对性地分享给微信朋友等。

专家指点

抖音App是主打音乐短视频的，因此成为了视频拍摄软件中的一股清流，但这一股清流的类型过于固定，所以自然也就局限于音乐段视频当中，作为音乐短视频拍摄软件来说，抖音App深受年轻人的欢迎，但在拍摄除音乐视频之外的其他视频时，就能看出很明显的不足。

3.1.4 "火山小视频"App——多种特效、量身打造

火山小视频App是由北京微播视界科技有限公司开发和发布的一款主打15秒短视频拍摄的手机视频软件。

1. App的发展简介

它号称是最火爆的短视频社交平台，以视频拍摄和视频分享为主，图3-9所示为火山小视频图标及进入界面。

图3-9 火山小视频图标及进入界面

2. App的特色

火山小视频App作为2017年热度较高的一款短视频拍摄软件，最大的特点就是能快速创作15秒短视频。它提供超多滤镜特效，用于打造特效视频，并且拿起手机就能进行视频拍摄，在实现美颜直播的同时，还能与粉丝零距离互动。而且，火山小视频App的直播礼物也是它独家拥有的。此外，火山小视频App还能根据用户长期搜索视频的类型与习惯，为用户量身推荐相关视频。

3.App的功能

火山小视频App主打视频拍摄,如图3-10所示,进入火山小视频App主界面之后,点击图标 ➕ ,即可进入火山小视频App主要功能界面。

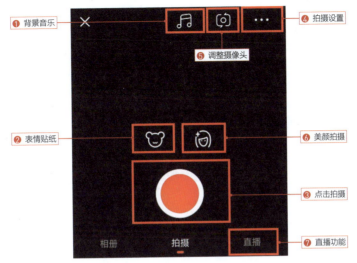

图3-10 火山小视频App主要功能界面

❶背景音乐:为视频添加背景音乐。

❷表情贴纸:为视频画面添加动态表情贴纸。

❸点击拍摄:点击按钮即可进行视频的拍摄。

❹拍摄设置:调节拍摄镜头快慢及倒计时时长。

❺调整摄像头:将摄像头调整为前置摄像头或后置摄像头。

❻美颜拍摄:在美颜拍摄当中可以对视频进行"大眼瘦脸""滤镜"及"美颜"方面的调整。

❼直播功能:用户点击此处即可进入直播室,直播当中还有粉丝互动功能,粉丝可以为自己喜欢的主播送礼物、对主播进行打赏等。

专家指点

火山小视频App诞生于短视频软件满天飞的时候,与市面上众多的短视频拍摄软件相比,火山小视频App其实并没有太多十分突出的亮点,但是火山小视频App在拍摄完视频之后的编辑之中却有独一无二的"抖动""黑魔法""70年代""灵魂出窍"及"幻觉"这5款处理特效,让视频充满个性的同时又别具一格。

3.1.5 "秒拍"App——文艺潮流、悬赏玩法

秒拍App是由炫一下(北京)科技有限公司开发和发布的一款集视频拍摄、视频编辑和视频发布功能于一体的短视频拍摄软件。

1.App的发展简介

秒拍App有5种视频频道,帮助不同的用户选择不同的视频进行观看。它在2014年全新上线

后，有了"文艺摄像师"之称，风格偏向于文艺化与潮流化。图3-11所示是秒拍App的图标及进入界面。

图3-11 秒拍图标进入界面

2.App的特色

秒拍App的一大亮点是"免流量"看视频，这为众多用户选择秒拍App奠定了基础。秒拍App的悬赏玩法也是秒拍吸引用户的特色。

3.App的功能

秒拍App的主要功能如图3-12所示。

图3-12 秒拍App主要功能界面

❶视频拍摄：点击即可进入视频拍摄界面进行视频拍摄。除了拍摄视频以外，其视频编辑功能也十分强大，它可以在视频导入之后，自动为视频添加背景音乐，如果用户不喜欢软件自动为视频添加的背景音乐，还可以自行为视频更换背景音乐，而且还能对视频的片段进行剪辑。其众多的充满文艺范的滤镜让视频看上去更加充满艺术感与青春感。

❷直播链接：点击此处可以进入视频直播界面。此外，秒拍App还能将视频分享到秒拍平台上，供更多人观看及"打赏"，从而获得粉丝及礼物。

3.1.6 "逗拍"App——幽默搞笑、H5制作

逗拍App是由深圳市大头兄弟文化传播有限公司开发和发布的一款集视频拍摄、视频编辑和视频发布于一体功能的短视频拍摄软件。

第 **3** 章　手机平台，玩转短视频拍摄

1.App的发展简介

　　软件在发布初期因为大头恶搞视频而声名大噪，连续多次位居短视频拍摄与下载量榜首。逗拍App的整体风格偏向于轻松搞笑，所以很受人们的欢迎。图3-13所示的是逗拍App的图标及进入界面。

图3-13　逗拍App图标及进入界面

2.App的特色

　　逗拍App最大的特色就是"逗"，以大头恶搞使短视频的呈现方式有了大的改变。另外，逗拍App拥有14种不同场景，除了大多数视频软件都可以拍摄的搞笑场景、娱乐场景等常见场景以外，逗拍App还可以拍摄团队招聘、招商引流、活动邀请等具有商业性质的视频。它更有其他视频软件所没有的H5功能，更加适合中小企业的招聘宣传。

3.App的功能用法

　　逗拍App作为一款短视频拍摄软件，主要功能自然是短视频拍摄，但逗拍App与其他短视频拍摄软件又有不同，图3-14所示为逗拍App主要功能界面。

图3-14　逗拍App主要功能界面

❶高清拍摄：一键实现高像素视频拍摄。
❷鬼畜视频：制作容易"洗脑"且节奏感、韵律感强的视频。
❸视频剪辑：对视频进行剪辑。

❹视频模板：为不知道拍摄哪种风格视频的用户提供参考，并且可以直接套用模板。

❺图片视频：将一张张图片变成一段视频，犹如MV一般。

❻保存草稿：操作之后没有保存发布的视频都保留在草稿箱之中以便日后查询。

除了上面所讲的主要功能外，逗拍App的视频编辑功能也很出色，可以为视频添加背景音乐、贴纸、水印、配音与滤镜等。

此外，逗拍App的H5大片制作功能将视频拍摄与H5的功能融合在一个软件当中，让H5的制作变得简单。

专家指点

逗拍App的视频拍摄功能在视频拍摄时长上也有相应的限制，分为15秒短视频、30秒短视频与60秒短视频，而且对于视频画面尺寸的调节，逗拍App只有竖屏与正方形屏幕两种选择。

3.2 5种拍摄诀窍，于细节处窥出作品成败

虽然使用手机拍摄短视频非常简单，容易操作，而且还可以借助很多App的力量，但值得注意的是，如果想要拍好一个短视频，光有这些还不够。在拍摄的过程中，难免会遇到各种各样的问题，或不可预知的障碍，因此，为了能用手机拍出优质的短视频，还要从细节处找技巧，从细节处决成败。

本节与下一节主要从10个角度详细阐述如何用一部智能手机拍出较为优秀的短视频，同时也是对拍摄过程中的细节问题的大致汇总，以供大家参考。

3.2.1 设置分辨率——轻松获得高清画质

分辨率是指显示器或图像的精细程度，其单位是"像素"，一般分为显示分辨率和图像分辨率。显示分辨率是指显示器所能显示的像素的数量，像素越多，显示就越清晰；像素越少，显示就越模糊。图像分辨率的定义则接近分辨率的定义原始定义，是指每英寸所含像素。例如分辨率的为640×480，则表示水平方向上有640个像素点，竖直方向上有480个像素点。简单来说，分辨率的高低决定着手机拍摄视频画面的清晰程度，分辨率越高，画面就会越清晰；反之，则越模糊。

由于市场上手机众多，不同的手机拍摄视频时，分辨率是不一样的，由于篇幅有限，笔者难以一一介绍，还希望大家能够根据自己手机的实际情况适当调整。

1. 对焦——顺利拍出清晰主体

对焦是指在用手机拍摄视频时调整好焦点距离。对焦是否准确决定了视频主体的清晰度。在现在的很多智能手机中，手机视频拍摄的对焦方式主要有自动对焦和手动对焦两种。自动对焦是手指触摸点击屏幕某处即可完成该处的对焦。手动对焦一般会设置快捷键来实现对焦。下面，笔者以华为手机为例，为大家讲解拍摄手机视频时的对焦设置方式。

（1）**自动对焦设置**。自动对焦的设置步骤如下。

打开相机，❶点击图标■，进入界面之后，❷点击图标■，会进入录像界面，❸点击画面中的具体位置，就可以实现视频拍摄自动对焦，如图3-15所示。

第 **3** 章　手机平台，玩转短视频拍摄

图3-15　华为手机视频拍摄自动对焦设置

（2）**手动对焦设置**。手动对焦需要设置对焦快捷键，一般是将音量键设置为快捷键，步骤如下。

打开手机相机，❶点击图标▣，进入录像设置界面，❷点击音量键功能按钮，❸选中"对焦"单选按钮，即可将其音量键设置为手动对焦快捷键，如图3-16所示。

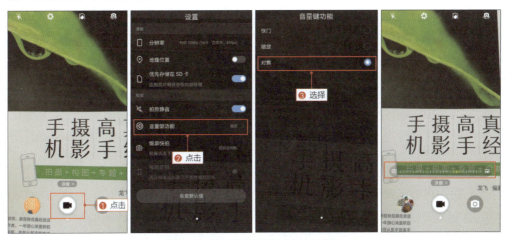

图3-16　华为手机视频拍摄手动对焦设置

用手机拍摄视频时除了可以对焦之外，还可以自由变焦，将远处的景物拉近，然后再进行视频拍摄。在拍摄手机视频过程中，采用变焦拍摄的好处就是免去了拍摄者因距离远近而跑来跑去的麻烦，即只需要站在同一个地方就可以拍摄到远处的景物。

图3-17所示为用华为手机拍摄视频时的变焦设置。打开手机相机，点击录像按钮，进入视频拍摄界面之后，手指触摸屏幕并滑动即可进行视频拍摄的变焦设置。

专家指点

在拍摄手机视频过程中，如使用变焦设置，一定要把握好变焦的程度，远处景物会随着焦点的拉近而变得不清晰，所以，为保证视频画面的清晰，变焦要适度。

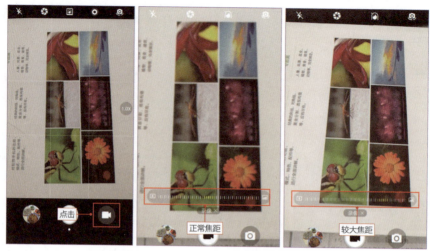

图3-17 华为手机视频拍摄变焦设置

2. 分辨率——选择不同清晰度

手机视频拍摄的分辨率有很多种,主要分为480P、720P、1080P及4K等4种。那么,它们各自有哪些特点呢?笔者将其总结如下。

(1)480P标清分辨率:是如今视频中最为基础的分辨率。480表示垂直分辨率,简单来说就是垂直方向上有480条水平扫描线,P是Progressive 的缩写,代表逐行扫描。480P分辨率不管是在拍摄视频时还是观看视频时,都属于比较流畅、清晰度一般的分辨率,而且占据的手机内存较小,在播放时对网络方面的要求不是很高,即使在网络不是太好的情况下,480P的视频基本上也能正常播放。

(2)720P高清分辨率:720P的完整表达方式为HD 720P,其常见分辨率为1 280×720,而且使用该分辨率拍摄出来的视频声音具有立体音的听觉效果。这一点是480P无法做到的,不管是视频拍摄者,还是视频观众,如果对音效要求较高,就可以采取720P高清分辨率进行视频拍摄。

(3)1080P全高清分辨率:在众多智能手机中表示为FHD 1080P,其中,FHD是Full High Definition的缩写,意为全高清。它比720P所能显示的画面清晰程度更胜一筹。自然而然,它对于手机内存和网络的要求也就更高。它延续了720P所具有的立体音功能,但画面效果更佳,其分辨率能达到1 920×1 080,在展现视频细节方面,1080P有着相当大的优势。

(4)4K超高清分辨率:在华为手机里表示为UHD 4K,UHD是Ultra High Definition的缩写,是FHD 1080P的升级版,分辨率达到了3 840×2 160,是1080P的数倍之多。采用4K超高清分辨率拍摄出来的手机视频,不管是在画面清晰度还是在声音的展现上,都有着十分强大的表现力。

在使用华为手机拍摄视频时,可以对分辨率进行自由的选择,具体的设置步骤如图3-18所示。❶进入视频录制界面,向左滑动,进入设置界面,❷点击"分辨率"按钮,❸根据要求选择具体的分辨率,即可完成视频录制的分辨率设置。

第 **3** 章　手机平台，玩转短视频拍摄

图3-18　华为手机的视频分辨率设置

3.2.2　选择尺寸——不同风格不同画幅

在拍摄手机视频的过程中，要根据不同的场景、不同的拍摄主体，以及拍摄者想要表达的不同思想来适当变换画幅。画幅在一定意义上影响着观众的视觉感受，也就在很大程度上影响着手机视频的优劣程度。为视频选择一个合适的画幅也是拍摄手机视频的关键。

VUE App是由北京跃然纸上科技有限公司开发的视频软件，主打朋友圈小视频拍摄。它拥有更富有冲击力的竖画幅、横画幅，更有圆形画幅、宽画幅、超宽画幅、正方形画幅等多种画幅可供拍摄者选择。图3-19所示为VUE App的进入界面。

图3-19　VUE App进入界面

81

VUE App提供的多种画幅适合不同风格的视频拍摄场景，下面分别介绍不同画幅的特点及适合的拍摄场景，具体如图3-20所示。

画幅类型	特点
竖画幅	让人的视觉向上下空间延伸，将上下部分的画面连接在一起，更好地体现摄影的主题。比较适合表现有竖直特性的对象，如山峰、高楼等，可以带来高大、挺拔的视觉感受
横画幅	拍摄的画面呈现出水平延伸的特点，比较符合大多数人的视觉观察习惯，可以给人带来自然、舒适、平和、宽广的视觉感受，同时还可以很好地展现水平运动的趋势
宽画幅	能让视觉在横向上有一个扩展与延伸，宽画幅是人们经常接触到的画幅，更符合人们的日常视觉习惯。VUE软件默认的画幅就是宽画幅，它能带给人宽松的视觉感受
超宽画幅	超宽画幅是在宽画幅的基础上压缩，使得画面形成一种从上下向中间挤压的视觉感，它是一种更有艺术感的画幅，它能形成一种独特的全景感受，拓宽人眼向左右两边的视野
正方形画幅	是一种不太会出错的视频拍摄画幅，但是在手机视频的拍摄当中，正方形画幅使用的频率相对于竖画幅、横画幅、宽画幅来说比较小。但这并不能掩盖掉正方形画幅简单易操作的优点
圆形画幅	是一种相对来说更具有艺术感的视频画幅，将画面浓缩在屏幕中那小小的圆形之中，除了表达十分高深的上善若水任方圆之意外，更有一种将天地万物纳入到一点之中的人生哲理

图3-20 不同画幅的特点和适用的拍摄场景

专家指点

关于圆的艺术，中国自古有之，冯小刚的《我不是潘金莲》也将圆形画幅纳入到了电影之中。圆是中国的哲学，也是一种更为形而上的艺术展现方式。这样说来，将圆形画幅纳入到视频拍摄中能让视频画面更有哲理性和艺术感。

那么，究竟应该怎么运用VUE App来拍摄不同画幅的视频呢？笔者将以竖画幅为例，详细讲述拍摄步骤，具体如下。

打开VUE App，进入拍摄界面之后，❶点击按钮，❷选中竖画幅图标，即可完成视频拍摄的竖画幅设置，❸点击图标，即可进行竖画幅手机视频的拍摄，如图3-21所示。

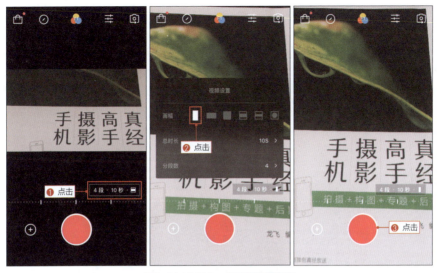

图3-21 VUE App竖画幅拍摄设置

如果要选择其他类型的画幅来进行视频的拍摄，在步骤②中点击选中对应的图标即可，图3-22所示分别为超宽画幅、正方形画幅及圆形画幅的拍摄界面。

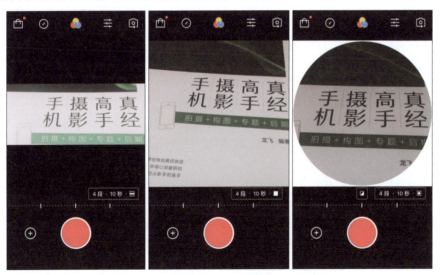

图3-22 VUE App不同画幅的拍摄效果

3.2.3 保持稳定——避免画面晃动模糊

在拍摄手机视频的过程中，想要保持手机视频的拍摄稳定，除了使用必要的手机稳定工具以外，还有很多其他的可以保持手机相对稳定的小技巧，下面，笔者就来为大家介绍一下关于使用手机拍摄视频，保证手机稳定，保证视频画面稳定的小技巧。

1. 物体作为支撑点，稳定拍摄

在使用手机拍摄视频时，如果没有相应的视频拍摄辅助器，而是仅靠双手作为支撑的话，双手很容易因为长时间端举手机而发软发酸，难以平稳地控制手机，一旦出现这种情况，拍摄的视频肯定会晃动，视频画面也会受到影响。

所以，如果拍摄者在没有手机稳定器的情况下用双手端举手机拍摄视频，就需要利用身边的物体支撑双手，才能保证手机的相对稳定。

这一技巧也是利用了三角形稳定的原理，双手端举手机，再将双手手肘放在物体上做支撑，双臂与支撑物表面形成三角形，无形之中起到了稳定器的作用，如图3-23所示。

图3-23 利用物体做支撑

专家指点

日常生活中可以用作支撑的物体有很多，只要这个支撑能够让手臂与其形成一个稳定的三角形就可以。例如在室内拍摄的话，可以利用椅子、桌子等，而在户外进行手机视频拍摄的话，则可以利用较大的石头、户外长椅、大树等可以支撑双手或身体的物体。

2. 正确的拍摄姿势，避免抖动

用手机拍摄视频，尤其是直接用手拿着手机进行拍摄的话，要想让视频画面稳定，除了手机要稳之外，拍摄视频的姿势也很重要。身体稳，才能保证手机正，保证视频拍摄出来是稳定的。

如果视频拍摄时间过长，这样的姿势更会导致身体的不适应，身体长时间倾斜着，不仅脖子容易发酸发僵，就连手臂也会因发酸而抖动，从而导致视频画面晃动、不清晰。正确的姿势应该是重心稳定且身体觉得舒服的姿势，例如从正面拍摄视频，趴在草地上时，身体重心低，不易倾斜，且拿手机的手也有很好的支撑，从而能确保拍摄视频时手机的稳定。

3. 稳定的拍摄环境，利于拍摄

在视频拍摄中，寻找到稳定的拍摄环境也会对手机视频画面的稳定起到很重要的作用。一方面，稳定的环境能确保视频拍摄者自身的人身安全；另一方面，稳定的环境能给手机一个较为平稳的环境，让拍摄出来的手机视频也能呈现出一个相对稳定的画面。

相对来说比较不稳定，容易影响视频拍摄的地方有很多，如拥挤的人群中、湖边、悬崖处等，这些地方都会给手机视频拍摄带来很大的阻碍。

如图3-24所示的拍摄环境就不太利于视频的稳定拍摄，一方面，拍摄者处于比较拥挤的环境中，拿着手机拍摄时如果一不小心，手机就很容易掉下去，捡的话很不方便；另一方面，在拥挤的人群之中，你推我攘，手机容易拿不稳，拍摄出来的视频画面也会糊掉。

图3-24 不稳定的视频拍摄环境

4. 平缓的手部动作,稳定画面

手机视频的拍摄在大部分情况下是离不开手的,这就要求在手上面为手机视频拍摄的稳定打下良好的基础。动作幅度越小,对视频画面稳定性方面的影响肯定也是越小的,所以,手部动作要小、慢、轻、匀。

所谓小,是指手部动作幅度要小;慢,是指移动速度要慢;轻,就是动作要轻;而匀,是指手部移动速度要均匀。只有做到这几点,才能保证手机拍摄的视频画面相对稳定,视频拍摄的主体也会相对清晰,而不会出现主体模糊看不清楚的状态。

如果手机本身就具有防抖功能,一定要开启,这也可以在一定程度上使视频画面稳定。如图3-25所示的视频画面就十分清晰和稳定。

图3-25 手部动作稳定使得视频画面清晰

3.2.4 清理镜头——保持画面的洁净度

所谓清理镜头,不难明白就是对镜头进行清理,使其干净,没有污垢。尤其是对于手机的镜头来说,如今大多数的手机后置镜头采用的都是"突出"设计,如图3-26所示。我们时常拿着手机到处乱放,屏幕朝上的放置方法自然很容易使手机的后置镜头沾上灰尘、污垢,甚至磕到硬物而使镜头损毁。

以上这些情况的发生不仅会使镜头的成像质量大大降低,而且很多污垢还会腐蚀镜头,使镜头的拍摄质量有所下降,所以要对手机镜头及时清理。

图3-26 后置镜头采用"突出"设计的手机

定期对手机镜头,尤其是后置镜头进行清理,一方面是对镜头的保护,另一方面更是为了将手机后置镜头上面的脏东西及时清除,以便更好地进行视频的拍摄,拍摄出来的视频画面也会更加清楚。

对于手机镜头的清理不能马虎,因为镜头本身精密又"娇气",所以不能拿清水、洗浴产品等清洁产品来进行清理。清理手机镜头有专业的清理器材。

手机的摄像头上如果存在灰尘的话,会严重影响拍照的质量,可以使用专业的清理工具或者十分柔软的布将手机摄像头上的灰尘清理干净,如图3-27所示。

图3-27 镜头专业清理工具

图3-27中的工具就是专业的手机镜头清理工具。专业的镜头清洁布一般是由柔软材料制作而成,不会对镜头有剐蹭,搭配专业镜头清洗剂,用于去除一些附着在镜头上的顽固污渍。而专业的镜头清洁刷则用于扫掉那些能够被轻易扫掉的灰尘或杂物等。

> **专家指点**
>
> 虽说镜头要定期清理,但是如果过分清理其实也可能会对手机镜头造成一定的损伤,所以,我们在日常生活中使用手机的时候要有意识地保护镜头,切莫让手机进入油烟较重或者灰尘污垢较多的地方。

3.2.5 设置静音——尽量保持安静氛围

呼吸声之所以也会在一定程度上影响视频拍摄的画质,是因为呼吸会引起胸腔的起伏,在一定程度上带动上肢,也就是双手,所以,呼吸声会影响视频拍摄的画质呈现。

一般来说,呼吸是否急促会影响双臂运动幅度的大小。呼吸急促且声音较大,双臂的运动幅度也会增大,所以,能够良好地控制呼吸声的大小可以在一定程度上增强视频拍摄的稳定性,从而增强视频画面的清晰度。尤其是在用双手端举手机进行拍摄的情况下,这种影响显而易见。

要想保持呼吸平稳与呼吸均匀,在视频拍摄之前切记不要做剧烈运动,或者等呼吸平稳了再开始拍摄,而且在拍摄过程中要保持呼吸的平缓与均匀,也要做到小、慢、轻、匀,即呼吸声要小,身体动作要慢,呼吸要轻,要均匀。如果手机本身就具有防抖功能,一定要开启,这也可以在一定程度上使视频画面稳定。图3-28所示是在呼吸声太大的情况下拍摄的视频画面。在呼吸较平稳且声音较小的情况下,拍摄出来的视频画面就会相对清晰,如图3-29所示。

图3-28 呼吸声太大导致视频画面模糊

图3-29 呼吸声较小时拍摄的视频画面

> **专家指点**
>
> 在视频的拍摄过程中,除了对呼吸声的控制之外,还要注意手部动作及脚部动作的稳定,身体动作过大或者过多都会引起手中手机的摇晃。
> 所以,在拍摄视频时,一定要注意身体动作与呼吸的均匀,最好是呼吸能与平稳均匀的身体动作保持一致。

3.3 5种自拍新招,简单操作打造唯美效果

短视频的出现让越来越多的人不再满足于静态式的自我展现,越多来多的年轻人开始以短视频这种新方式来展现自己。而且自拍的模式也逐渐流行起来,自拍照片已经不是展现自我的

唯一途径，自拍短视频更能展现魅力！

那么，自拍视频如何才能做到出彩和别具一格呢？本节笔者就来为大家详细讲解一下自拍视频怎么才能更有范儿！

3.3.1 "自拍杆+遥控"——便捷舒适的高性价比之选

在进行自拍视频拍摄时，如果单靠自己的手端举手机进行视频拍摄，很难达到更好的视觉效果，拍摄出来的自己在视频当中大都"不完整"，且不说全身入镜，就连上半身入镜都很困难，这个时候，更好的视频拍摄方法就是利用拍辅助摄工具。

要在众多的视频拍摄辅助器材当中找到适合拍摄自拍视频的工具，自拍杆绝对是很好的选择，主要原因如下。

一是自拍杆价格便宜，相对于高档视频拍摄辅助器材来说，自拍杆绝对是实惠的选择；二是自拍杆长度在一定区间内可以自由调节，可以自由调节身体入镜面积的大小；三是因为自拍杆将人与手机镜头的距离拉大，使人不再局限于离镜头很近的范围，身体灵活性加强，动作幅度也可以随之增大。

自拍杆的安装比较简单，只需将手机放入自拍杆的支架上，并调整支架下方的旋钮来固定住手机，支架上的夹垫通常都会采用软性材料，牢固且不伤手机。而且市面上大部分的自拍杆都有遥控功能，采用3.5 mm耳机插孔来连接手机，在拍摄视频前将自拍杆上的插头插入手机耳机插孔，就可以对手机进行遥控操作，而无需进行软件设置，如图3-30所示。

图3-30 自拍杆与手机连接

连接完后，我们只需在手机上打开自拍录像模式，在自拍杆的手柄上有一个相机图标按钮，拍摄视频时只需按下这个按钮，就可以进行自拍视频的拍摄了，如图3-31所示。

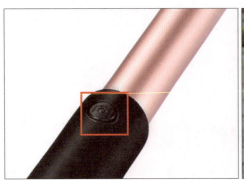 

图3-31 自拍杆遥控按键

> **专家指点**
>
> 需要注意的是,自拍杆虽然能增大人的入镜面积,但是自拍杆长度始终有限,不能拍摄出人的全身,另外,自拍杆需要人用手拿住,如果视频拍摄时间过长,就会出现手酸手软的情况,而且,自拍杆并不能完全解放人的双手,自拍杆的遥控操作依然需要人为按动按键。

3.3.2 "自拍杆+蓝牙"——解放双手的超稳定拍法

自拍杆除了有遥控的以外,还有蓝牙的。手机在连接蓝牙自拍杆时,只需要打开手机蓝牙,搜索蓝牙设备,自拍杆就会自动和手机进行配对并连接,蓝牙快门可以将快门键分离出来,可以有效减少抖动问题。将手机固定在自拍杆上端,即可上下调整角度,进行俯拍、侧拍、45°角拍等,可以帮助用户轻松寻找美颜、显瘦的角度,图3-32所示为蓝牙自拍杆。

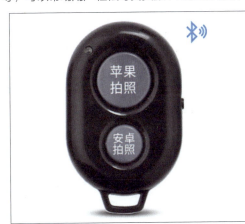

图3-32 蓝牙自拍杆

在拍摄前,连接好手机与自拍杆的蓝牙,开始拍摄时,按动手中的蓝牙快门就可以进行自拍视频的拍摄。

蓝牙自拍杆最大的优势就在于它可以解放拍摄者的双手,拍摄者只需要通过蓝牙即可控制手机来进行视频的拍摄,在蓝牙能覆盖到的范围之内,人可以进行有一定距离的视频自拍,给了人身体更多的活动空间。而且使用蓝牙自拍杆时,手机不是人拿在手中操控的,所以,相对于将自拍杆拿在手中来说,蓝牙自拍杆稳定性更强,也能保证拍摄出来的视频更加稳定。

3.3.3 猫咪模式——让可爱俏皮自然流露

在一般的自拍视频中,视频拍摄时长大都只有10秒左右或者更短,很多人在这较短的时间里进行自拍视频拍摄时往往不知道该用什么表情或者什么动作。如果单纯地像平时拍摄自拍照一样,就会显得比较僵硬,同时也不生动,而猫咪模式的视频拍摄就可以很好地解决这一问题。

猫咪模式大都是视频拍摄者自身模仿猫咪的动作或者表情,可以将双手微微举起放在脸部的两侧,并且做成类似猫爪的形状,图3-33所示为视频拍摄者自身的猫咪动作。

图3-33 视频拍摄者自身的猫咪动作

还可以利用视频拍摄软件自带的猫咪表情,它可以体现出女生的野性与俏皮。图3-34所示为视频拍摄软件自带的猫咪表情。

图3-34 视频拍摄软件自带的猫咪表情

3.3.4 搞怪表情——让快乐感染每一个人

在很多自拍视频软件中,还带有众多的搞怪表情,利用这些搞怪的表情也能让自拍视频风格有很大的转变,而且也十分有新意。想用夸张的表情拍摄自拍视频,有以下两种方法。

一是自拍者可以在录制视频的时候采用比较夸张的表情,如惊恐状、惊讶状、兴奋状或者大笑状等。二是如果觉得自身的表情达不到搞怪的程度,可以利用视频拍摄软件中的夸张表情。图3-35所示就是在拍摄视频时利用视频拍摄软件中的夸张表情来进行自拍视频的拍摄。

图3-35 自拍视频中的夸张表情

3.3.5 特殊发饰——让美丽气质自由绽放

采用特殊的发饰也可以让视频中的自己更加与众不同,特殊的发饰有很多种,例如大型的兔子耳朵的发箍、美丽的花环等都能在视频拍摄中让自己更可爱,如图3-36所示。

图3-36 采用特殊发箍拍摄视频

除了在拍摄视频时拍摄者自己戴在头上的特殊发饰以外,在进行自拍视频的拍摄时,还可以使用视频拍摄软件中的特殊发饰来为自己的自拍视频锦上添花,如图3-37所示。

图3-37 利用视频拍摄软件的特殊发饰

专家指点

在视频拍摄的过程中给自己的面部加特效不仅可以增强视觉上的美感,而且可以有效地吸引观众观看,这也是自拍模式的亮点所在。特别是用手机拍摄视频时,美颜、特效几乎已经成为了必备功能。

第 **4** 章

后期软件，打造史诗级作品

短视频的制作并不是一蹴而就的，要想打造出史诗级的作品，就必须经过千锤百炼。光是拍好了短视频，还不能马上进行推广和宣传，只有经过了后期的制作和打磨，才能实现理想中的完美的视频效果。本节将介绍后期制作的工具，它们可以让短视频的魅力传播得更远。

4.1 5种后期App,移动端的视频加工法宝

由于移动端的短视频更加活跃,而且制作的门槛比较低,操作的步骤比较简单,容易上手,因此先来看手机短视频的后期处理应用都有哪些。随着这些年短视频的发展,后期App数量也有所增加,各种短视频后期制作应用层出不穷,争相斗艳,各具特色。那么,这些短视频后期App究竟各有哪些独特之处呢?本节将向大家介绍几款人气爆棚、实际好用的后期App,它们可以让加工短视频变得轻而易举。

4.1.1 小影——强大特效打造与众不同的风格

小影App是由杭州趣维科技有限公司开发的一款集手机视频拍摄与视频编辑功能于一身的软件。小影App的用户以90后、00后居多,该软件因视频拍摄风格多样、特效众多、且视频拍摄没有时间限制而受到众多人的追捧。图4-1所示为小影App登录界面。

图4-1 小影App登录界面

小影App最大的特色就是即拍即停。小影App主要用于短视频的拍摄与后期调整。打开小影App,点击 ◎ 按钮,就可以看见小影App的主要功能,如图4-2所示。

图4-2 小影App主要功能

❶视频剪辑：小影App电影级的后期配置，包括视频剪辑、视频配音、视频配乐等，简单易懂上手快，可以实现超快的视频后期打造。

❷视频特效：视频特效主要是对图像进行特殊处理，包括相册MV、美颜趣拍、素材中心、一键大片、使用教程、画中画编辑、画中画拍摄及音乐视频等，可以使图像呈现出特效效果。

❸保存草稿：已经完成编辑但是还没有上传的视频，以及尚未完成编辑的视频将在此处保存，以便后期提取使用。

❹视频拍摄：点击即可进行手机短视频的拍摄。

此外，在小影App中还有以下这些些具体功能。

一是实时特效拍摄镜头。

二是超棒的FX特效以及大量精美滤镜可供用户选择与使用。

三是利用小影App拍摄手机视频时，除了可以在拍摄时使用大量精美滤镜之外，该软件还有"自拍美颜"拍摄模式、"高清相机"拍摄模式及"音乐视频"拍摄模式，更有九宫格辅助线帮助用户完成电影级的手机视频拍摄。

> **专家指点**
>
> 小影App除了视频拍摄与编辑的功能之外，还有视频平台分享功能，用户可以将自己拍摄的视频上传到小影App的平台上面去，以便更多人欣赏。此外，在小影App中，还有"小影百宝箱"这一项功能，小影App将视频按照不同的风格与题材分类，用户可以在这里下载相应的视频主题、相应字幕及相应特效等。

4.1.2 乐秀——系统专业的功能炼就惊人作品

乐秀App是由上海影卓信息科技有限公司开发的一款视频编辑器，它界面干净简洁，操作简单，是一款强大的手机视频后期处理App。图4-3所示为乐秀App进入界面。

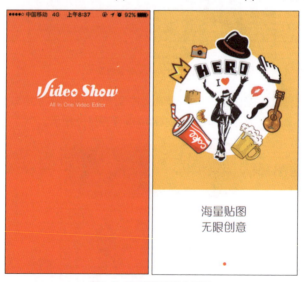

图4-3 乐秀编辑器进入界面

乐秀App不仅可以将图片制作成视频，对视频进行编辑，还能将图片和视频合成视频，几乎包含了所有视频编辑器应该有的功能，堪称全能。它的主要功能界面如图4-4所示。

第 4 章 后期软件，打造史诗级作品

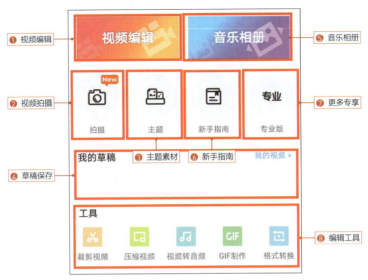

图4-4 乐秀App主要功能界面

❶视频编辑：对手机中已经有的短视频进行后期处理。精美滤镜功能可以对视频进行滤镜切换，风格随意挑；视频涂鸦功能可以直接对视频进行涂鸦，增强了视频的创造性；动态贴纸功能可以将好看的贴纸粘贴在视频之中，让视频更富有趣味。

除此之外，乐秀编辑器还能给视频添加音乐、为视频配音，让手机视频后期处理更有趣，更具吸引力。

❷视频拍摄：可以进行表情贴纸拍摄，大大增加视频拍摄的乐趣。
❸主题素材：此处可查看视频主题，并将主题应用到视频后期处理当中。
❹草稿保存：没有编辑完的视频在此处保存，以便后期使用。
❺音乐相册：音乐相册主要针对的是图片，将图片制作成为动态音乐相册。
❻新手指南：提供一些基本的操作方法，帮助新手快速上手。
❼更多专享：该板块主要面向软件VIP用户，具有更多个性化的操作设置。
❽编辑工具：更系统、更专业的视频编辑操作工具。

除此之外，乐秀App在编辑视频之后，还可以将视频发布到美拍、优酷、朋友圈等平台上去。

> **专家指点**
>
> 乐秀App中的一些特效和专业功能需要开通会员成为VIP用户才能使用。如果不想开通会员，就无法使用更多的素材，不过要是要求不高的话，使用乐秀App里的大量免费素材也足够了。

4.1.3　FilmoraGo——颜值与实力并存的个性化工具

FilmoraGo App是一款由深圳万兴信息科技股份有限公司开发的专注于视频后期编辑的手机软件，号称颜值与实力并存的手机短视频后期处理软件，图4-5所示为FilmoraGo App的图标及进入界面。

图4-5 FilmoraGo App图标及登录界面

FilmoraGo App最大的特色就是简单、免费、无广告,而且视频时间长度没有限制,有海量个性主题可供选择。

FilmoraGo App的主要功能如图4-6所示。

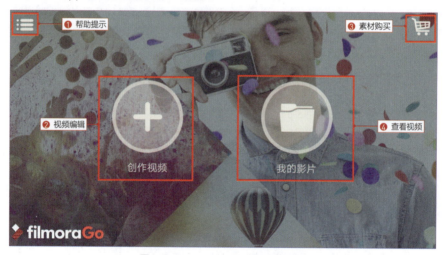

图4-6 FilmoraGo App主要功能界面

❶帮助提示:用户在软件使用方面有问题时,可以在此处进行咨询或者反馈。

❷视频编辑:对导入手机中的视频进行编辑,在该板块中,用户可以对手机视频进行剪辑、视频主题添加、视频配乐设置、转场效果设置、调节视频画幅及更多的视频编辑等操作。

❸素材购买:用户可以在该板块中购买自己喜欢的特效或视频编辑素材。

❹查看视频:用户已经处理过的视频将会出现在"我的影片"当中,如果用户不想保留,则可以将视频删除。

专家指点

在使用FilmoraGo App编辑视频的过程中,除了使用笔者上面提到的视频剪辑等功能之外,用户还可以酌情为视频添加滤镜、贴纸、特效等,用户可以根据自己的喜好将视频编辑得更有个性。

4.1.4 巧影——细致入微完善人性化制作界面

巧影App是由北京奈斯瑞明科技有限公司开发和发布的一款手机视频后期处理软件，它的主要功能有视频剪辑、视频图像处理和视频文本处理等。图4-7所示为巧影App的进入界面。

图4-7 巧影App的进入界面

除了对手机视频的常规编辑之外，巧影App还有视频动画贴纸、各色视频主题，以及多样的过渡效果等，能使手机视频的后期处理更上一层楼，图4-8所示为巧影App主要功能界面。

图4-8 巧影App主要功能界面

❶视频编辑：点击该按钮即可进行视频的后期编辑，巧影App中的后期编辑主要有手机短视频的剪辑、字幕的添加、特效添加、图层覆盖、为视频配音及为视频添加背景音乐等。

❷软件设置：设置软件的参数，如视频时长、排序方式、浏览模式、已录制视频的位置及输出帧速率等。

❸素材商店：用户可以在素材商店中下载相应的特效、滤镜、字体、背景音乐、贴纸等，这

些能够让视频的后期编辑种类更加丰富。

此外，巧影还有一个比较贴心的设计，点击如图4-8所示的红色按钮，即可进入视频编辑的详细界面，如图4-9所示。接着点击界面左边的问号图标，界面中就会显示各个图标的具体功能，这对于新手而言是相当实用的。

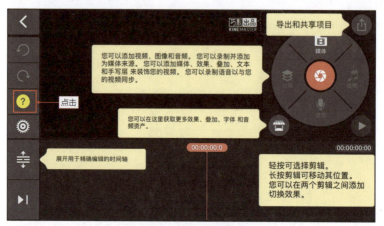

图4-9 巧影视频编辑的疑问详解

专家指点

巧影App的编辑界面不同于其他手机短视频后期软件的编辑界面，巧影采用横屏操作，功能分了类且集中，无须到处寻找或者切换界面，十分有利于视频的集中性后期操作。

4.1.5 KineMix——简洁界面赢得众星捧月般的支持

KineMix视频剪辑器App是一款手机短视频后期处理软件，该软件操作十分简单，手指简单划几下就能完成短视频后期制作。

KineMix视频剪辑器App由于界面干净文艺，看一眼就能让人心生欢喜，所以被众多爱好文艺的短视频后期处理者推荐，图4-10所示是KineMix视频剪辑器App的图标。

图4-10 KineMix视频剪辑器App图标

KineMix视频剪辑器App最大的特色就是界面简单文艺,它能够录制短视频,其视频后期编辑功能主要侧重于视频音效的添加,有针对性。

KineMix视频剪辑器App的主要功能界面如图4-11所示。

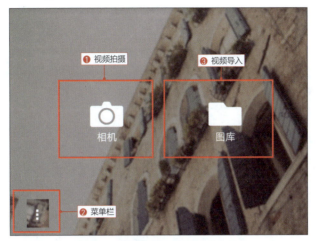

图4-11 KineMix App主要功能界面

❶视频拍摄:手机短视频的拍摄。

❷菜单栏:菜单栏主要是可以将界面转换成英文版,以及设置软件本身的一些参数和升级版本。

❸视频导入:将手机里的视频导入,之后再进行后期编辑。在KineMix视频剪辑器App中,视频后期编辑主要包括为视频添加背景音乐、添加声音特效、添加专辑等。它还能为视频添加字幕、保存及分享视频等。

> **专家指点**
>
> KineMix视频剪辑器App 主要是对视频进行声音方面的编辑,虽然也能剪辑视频,但其他软件的视频后期效果在KineMix视频剪辑器App中要么没有,要么效果不好,如果只是想要为视频添加声音方面的效果,则可以使用该软件。

4.2 5种后期电脑软件,电脑端的视频剪辑帮手

虽然移动端的后期制作应用功能已经很全面了,而且操作起来也相当方便,但如果想要取得更加完美的效果,让短视频变得更加引人注目,就少不了后期电脑软件的助攻了。后期电脑软件的功能更加多样,而且更加系统和专业,当然,相应地操作的方法也要难一些。不过,笔者在本节介绍的是几款比较常用、容易上手的后期电脑软件,所以在使用的过程中也不会有太大的问题。

4.2.1 会声会影——功能全面、新手必备

会声会影是一款专为个人及家庭等非专业用户设计的视频编辑软件,现在已升级到了X10版,新版本的会声会影X10功能更全面,设计更人性化,操作也更加简单方便。

会声会影X10提供了完善的编辑功能，用户利用它可以全面控制影片的制作过程，还可以为采集的视频添加各种素材、转场、覆叠及滤镜效果等。使用会声会影的图形化界面，可以清晰而快速地完成各种影片的编辑工作。

会声会影X10工作界面主要包括菜单栏、步骤面板、预览窗口、导览面板、选项面板、各类素材库及时间轴面板等，如图4-12所示。

图4-12 会声会影X10工作界面

❶菜单栏：包括"文件""编辑""工具""设置""帮助"5个菜单，主要提供视频编辑的主要功能，如新建普通项目文件、为视频自定义变形或运动效果、分离音频、制作不同格式的视频等，并解决用户的疑问。

❷步骤面板：主要显示操作步骤的界面，帮助梳理编辑进度。

❸预览窗口：可以显示当前的项目、素材、视频滤镜、效果或标题等，也就是说，对视频进行的各种设置基本都可以在此处显示出来，而且有些视频内容需要在此处进行编辑。

❹素材库：其中显示了所有视频、图像与音频素材，添加的素材都可以在此界面中显示出来并应用。

❺导览面板：主要用于控制预览窗口中显示的内容，使用该面板可以浏览所选的素材，进行精确的编辑或修整操作。导览面板中有一排播放控制按钮和功能按钮，用于预览和编辑项目中使用的素材。

❻选项面板：包含了控件、按钮和其他信息，可用于自定义所选素材的设置，该面板中的内容将因步骤面板的不同而有所不同。在编辑视频时，可进行音量、音频特效、视频播放速度、场景分割等方面的调整。

❼时间轴面板：主要用来查看视频的时长，并在其中关注总体进度。

> **专家指点**
>
> 会声会影软件的特色是适合新手学习，在视频剪辑、后期处理方面的功能比较实用。值得注意的是，它面向的是非专业用户，因此操作起来很便捷，效果也不错。

4.2.2 Premiere——专业水准、应用广泛

Premiere 是由Adobe公司开发的一款非线性视频编辑软件，是目前影视编辑领域应用最为广泛的视频编辑处理软件。

Premiere 软件专业性强，操作更简便，可以对声音、图像、动画、视频、文件等多种素材进行处理和加工，从而得到令人满意的影视文件。Premiere Pro CC 2017的工作界面主要包括效果控件、节目面板、项目面板及时间轴面板，如图4-13所示。

图4-13 Premiere工作界面

❶效果控件：用户可以通过此面板控制对象的运动、透明度、切换效果，以及改变特效的参数等。

❷节目面板：用户可以自由选择观看、编辑时间轴上的内容，选中某个时间段，面板就会展示对应的画面内容。

❸项目面板：由4个部分构成，最上面的一部分为素材预览区；预览区下方为查找区；位于最中间的是素材目录栏；最下面是工具栏，也就是菜单命令的快捷按钮，单击这些按钮可以方便地实现一些常用操作。

❹时间轴面板：是进行视频编辑的重要区域，主要分为"视频"轨道和"音频"轨道两大部分，其中"视频"轨道用于放置视频图像素材，"音频"轨道则用于放置音频素材。

> **专家指点**
>
> 在Premiere Pro CS6中，"效果"面板中包括"预置""视频特效""音频特效""音频切换效果"和"视频切换效果"选项。
>
> 在"效果"面板中各种选项以按效果类型分组的方式存放视频、音频的特效和转场。通过对素材应用视频特效，可以调整素材的色调、明度等效果，应用音频效果可以调整素材音频的音量和均衡等效果。由此可以看出，这款后期软件是比较专业的。

4.2.3 快剪辑——一站到底、小白新宠

快剪辑是一款率先支持在线视频剪辑的软件，而且十分方便，可随手录制剪辑。软件提供了大量的声音特效、字幕特效、画面特效等，最重要的是无强制性的片头片尾，无广告。

快剪辑的工作界面也比较简洁大方，主要包括预览面板、素材库、时间轴面板等3大部分，具体如图4-14所示。

图4-14 快剪辑的工作界面

❶预览面板：可以在此面板中查看剪辑的视频文件的预览效果，而且还可以单击面板右下方的扩展图标对视频进行全屏展示，更加全面直观地查看剪辑效果。

❷素材库：是添加素材的区域，可添加的素材包括图片、音频、视频，而且上传的路径有两种，一种是本地，另一种是线上。

❸时间轴面板：是编辑视频最为重要的区域，可在时间轴上对视频进行剪辑和后期制作，如编辑字幕、添加背景音乐、制作音效等。而且时间轴的大小也是可以自由调节的，在时间轴面板的右上方有调节大小的滑块，按照需求拖动即可。

> **专家指点**
>
> 快剪辑软件的特色就和它的名称一样——"快"。它在保证处理速度的同时，又能满足视频后期制作的基本需求，是新手们剪辑视频不可多得的好帮手。而且快剪辑提供的视频剪辑功能是一站式的，制作完成后即可保存导出，想要分享上传的话也可一步搞定，这就简化了传播短视频的流程，提升了效率。

4.2.4 爱剪辑——全能免费、大众审美

爱剪辑是一款颇具创造性和颠覆性的剪辑软件，它的特色在于功能设计接地气，符合大众的使用习惯和审美特点，而且操作起来简单易学，就连小白也能学会后期制作！

第 4 章 后期软件，打造史诗级作品

爱剪辑的功能十分强大，主要表现为全面和多样。它提供了超全的视频与音频格式支持，妙趣横生的文字特效、各式各样的风格效果、令人眼花缭乱的转场特效、迷人动听的音频效果、炫酷时尚的字幕功能、专业大方的相框贴图及贴心的去水印功能，总而言之，后期制作的功能应有尽有。

爱剪辑的工作界面简单大方，一目了然，主要包括菜单栏、信息列表、预览面板、添加面板及信息面板等5个板块，如图4-15所示。

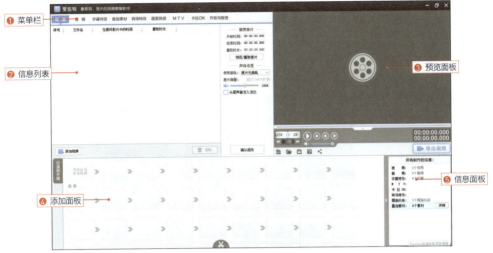

图4-15 爱剪辑的工作界面

❶菜单栏：主要有"视频""音频""字幕特效""叠加素材""转场特效""画面风格""MTV""卡拉OK"和"升级与服务"等栏目，在需要为视频或者音频添加效果的时候，单击对应的图标即可。

❷信息列表：是展示编辑的视频或者音频的区域，假如是剪辑两段或者两段以上的视频，可以在此面板中查看先剪辑好的视频素材的相关信息，如文件名截取时长及在最终影片中的时间。此外，这个区域同时也是设置各种特效的地方，选择风格、转场都是在此处完成的。

❸预览面板：是展示剪辑中的视频的效果的面板，在此区域中，可以对视频的播放进行加速或减速，还可以调节音量的大小。

❹添加面板：主要展示加入的视频或者音频素材，双击空白处即可添加视频，上传十分便捷。

❺信息面板：展示制作中的视频的详细信息，每多加一个步骤，信息面板中的视频信息就会发生变化，让用户清晰了解自己的剪辑流程。

> **专家指点**
>
> 爱剪辑和快剪辑有很多相似之处，界面简洁，操作简单，适用于新手。但与快剪辑不同的是，爱剪辑的功能更加细分，而且提供的素材更加全面。不过快剪辑的一站式设计看起来更加富有逻辑性，两款软件各有千秋。

4.2.5 PPT——批量制作、快速便捷

PPT在一般人的心目中都被定义为演示幻灯片的工具，是用来做总结报告、做图表、教书育人的，但随着技术的不断进步，如今用PPT也可以制作简易的短视频了，笔者要介绍的就是通过WPS软件制作短视频的步骤。

步骤 01 进入WPS软件，新建一个演示文稿，插入相应的素材，如图4-16所示。接着❶单击"插入"按钮，❷单击界面中出现的"音频"按钮，会显示"插入音频"和"插入背景音乐"两个选项，❸单击"插入背景音乐"选项。

图4-16 插好素材的PPT

步骤 02 执行上述操作后，会弹出如图4-17所示的界面，❶选择已经下载好的背景音乐，❷然后再单击"打开"按钮。

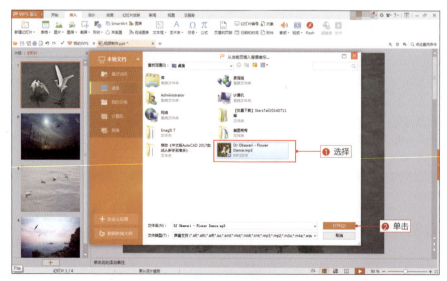

图4-17 插入背景音乐

第 **4** 章 后期软件，打造史诗级作品

步骤 03 执行上述操作后，文档界面中就会出现如图4-18所示的喇叭图标，意味着背景音乐插入成功。接着单击界面上方的"幻灯片放映"按钮，进入动画效果的设置步骤。

图4-18 单击"幻灯片放映"

步骤 04 单击"幻灯片放映"按钮后会出现如图4-19所示的多个选项，❶单击"幻灯片切换"按钮，之后界面的右方会弹出多种动画效果和效果的时间设置界面，❷单击相应的效果，如"盒状收缩"，❸再单击"应用于所有幻灯片"按钮即可。

图4-19 动画效果设置界面

专家指点

如果想要变换切换的动画效果，也可以分别设置每一张幻灯片的效果，不过这样耗费的时间要稍微长一点，当然，效果也会更好。

步骤 05 至此，对于素材的加工就结束了，❶只要单击"云服务"按钮，❷再选择"输出为视频"即可完成短视频的制作，如图4-20所示。

图4-20 输出为视频

> **专家指点**
>
> 快速制作短视频是一种比较便捷的方式，因为它的操作步骤非常简单，这是优点，但不足之处是特效样式少，无法达到非常高的质量水平。但如果时间紧，要求又不高的话，可以考虑这种上手快、批量制作的途径。

4.3 5种辅助工具，以细节打磨出精彩的短视频

在打造高质量的短视频的过程中，是不是仅仅借助后期软件的力量就够了呢？视频的封面图、图文的排版、GIF图的截取，这些又该如何做到极致和出众呢？这个时候，我们就必须要看到辅助工具的作用，虽然从表面上看起来它们与短视频的后期制作并没有什么关系，但实际上，少了它们是无法制作出美观大方、惹人瞩目的短视频的。

因此，本节笔者将带领大家去了解短视频后期制作的辅助工具，让大家进一步了解哪些辅助工具是打磨短视频的细节时所必需的，同时也让大家认识更多好玩好用的软件。

4.3.1 Photoshop——让炫酷的封面为你添彩

Photoshop，缩写为"PS"，是我们常听到的较为专业的P图软件之一。网络上利用PS处理过的图片比比皆是，而这款软件应用的范围也比较广泛，包括人像和场景的图片处理、建筑效果图的设计、网页图像的制作、平面设计等。

那么，Photoshop究竟具备哪些强大的功能呢？这些功能又对短视频的制作有何益处呢？先来看看它的工作界面如何，提供了哪些功能，如图4-21所示。

第 4 章　后期软件，打造史诗级作品

图4-21 Adobe Photoshop的工作界面

❶菜单栏：菜单栏位于整个窗口的顶端，由"文件""编辑""图像""图层""文字""选择""滤镜""3D""视图""窗口"和"帮助"11个菜单命令组成，单击任意一个菜单项都会弹出其包含的命令，Photoshop 中的绝大部分功能都可以利用菜单栏中的命令来实现。菜单栏的右侧还显示了控制文件窗口显示大小的最小化、窗口最大化（还原窗口）、关闭窗口等几个快捷按钮。

❷工具属性栏：主要用于对所选择工具的属性进行设置，它提供了控制工具属性的选项，其显示的内容会因所选工具的不同而发生变化。在工具箱中选择相应的工具后，工具属性栏将随之显示该工具可使用的功能。

❸工具箱：位于工作界面的左侧，共有50多个工具，只要单击相应的工具按钮即可在图像编辑窗口中使用。若在工具按钮的右下角有一个小三角形，表示该工具下还有其他工具，在工具按钮上单击鼠标左键，即可弹出所隐藏的工具选项。

❹图像编辑窗口：当打开一个文档时，工作区中将显示该文档的图像窗口，图像窗口是编辑的主要工作区域，图形的绘制或图像的编辑都在此区域中进行。在图像编辑窗口中可以使用Photoshop中的功能，也可以对图像窗口进行多种操作，如改变窗口大小和位置等。

❺状态栏：状态栏位于图像编辑窗口的下方，主要用于显示当前所编辑图像的显示参数值及当前文档图像的相关信息，主要由显示比例、文件信息和提示信息3部分组成。

❻浮动控制面板：主要用于对当前图像的颜色、图层、样式及相关的操作进行设置。面板位于工作界面的右侧，用户可以对其进行分离、移动和组合等操作。

专家指点

Photoshop是一款既实用又容易操作的后期软件，它支持多种图像格式和色彩模式，能够同时进行多图层处理，在图片的加工上有显著的优势。

那么，对于短视频的制作，Photoshop又有什么作用呢？实际上，我们在网络上看到的很多短视频封面都是经过PS处理的。这样做主要是为了吸引受众的眼光和注意力，试想如果两个短视频摆在你面前，一个封面图创意满满、美观大方，一个不加修饰、十分随意，你会点击哪一个呢？显而易见，经过精心处理和打磨的作品会受到人们的喜爱和追捧，而这就少不了Photoshop的支持。图4-22所示为"手机摄影构图大全"微信公众号里的短视频链接封面图，它也是经过了PS处理的。

图4-22 经过PS处理的视频封面图

因此，在短视频的后期制作过程中，Photoshop作为必不可少的辅助工具之一，能够发挥意想不到的显著效果。很多人在制作短视频的时候全身心地投入到内容的制作中去，这确实值得肯定，但值得注意的是，细节方面，如封面图的效果、音效等也是需要精心打磨的。

总而言之，利用短视频进行营销和变现是一个有机整体，是一个连续的过程，如果把这些细节隔断、分离，那么也是很难达到理想的效果的。

4.3.2 秀米——让排版不再成为大难题

秀米是一款专门应用于微信公众号的图文排版网页工具，功能强大，操作简单，官网首页的设计也是满满的清新可爱风，给人眼前一亮的感觉。关于秀米的使用方法在网页上有详细的介绍，而且还是特地为新手提供的指南，有利于自主学习，特别要注意的是编辑时要使用谷歌浏览器。

那么，图文排版的工具和短视频又有什么关联呢？我们平时在玩微信的时候，或多或少都会订阅几个微信公众号查看自己感兴趣的资讯内容，不论是图片、文字，还是语音、视频，往往都是排列得整齐有序或错落有致的，总之是经过精心的设计的，目的是为了给受众提供赏心悦目的体验。实际上，想要打造出让人赞赏的内容是离不开软件工具的支持的，图文排版工具就是针对需求而产生的。

图4-23所示为微信公众号"一条"里的图片、文字及短视频的排版，不仅美观大方，而且充分展现了想要表达的主题，是比较成功的典型案例。

第 **4** 章 后期软件，打造史诗级作品

图4-23 一条的微信公众号排版

> **专家指点**
>
> "一条"的图文内容排版基本是按照标题、短视频、图片、文字的顺序来的，而且图片与视频之间的间距较宽，给人舒适的视觉体验，文章的标题加粗以引起受众对文字的注意，正文部分的行间距、字间距也把握得比较恰当，不松不紧。

那么，要如何借用秀米图文排版来对发布的内容进行编辑呢？笔者在这里主要介绍秀米的工作界面，提供给大家实践操作的相关参考，如图4-24所示。

图4-24 秀米图文排版的工作界面

❶素材库：主要是用来选择模板和图片素材的，方便快速排版，不用自己做样式，而且会直接看到素材的具体形象。

❷工具栏：帮助完成图文排版，主要包括"打开图文""预览""保存""复制到微信公众号"和"更多操作"等5个部分。其中，"更多操作"里包含"导入word文档""手机图

109

片""生成贴纸图文"等多种功能。

❸编辑窗口：是对图文进行排版编辑的主要区域，可添加模板，然后进行编辑，而且支持快速粘贴文字到此处，直接排版。

秀米图文排版的使用方法十分简单，新手只要按照引导进行操作也可轻松学会，可以说是辅助工具中的贴心小助手了。

4.3.3　红蜻蜓抓图精灵——让屏幕捕捉更富有趣味

红蜻蜓抓图精灵是一款专业水准的屏幕捕捉软件，一直致力于让用户更加便捷地捕捉屏幕截图，而且它是完全免费的。它针对屏幕捕捉的功能比较全面，而且软件中还附带了比较详细的操作步骤，很容易上手，不足之处是在软件的用户体验中心中有广告出现，看起来有些视觉影响。

屏幕捕捉功能一般适用于实际操作的步骤录制，特别是电脑软件方面的技术知识的教授与屏幕捕捉软件是紧密相连的。了解和熟练使用一款功能强大、操作简单的屏幕捕捉软件，是录制实操性的短视频必备的技能。

以红蜻蜓抓图精灵为例，它包含了多种屏幕的捕捉方式，如整个屏幕、活动窗口、选定区域、固定区域、选定控件、选定菜单等，同时，它的输出方式也很多样，有文件、剪贴板、画图、打印机等，图4-25所示为红蜻蜓抓图精灵的工作界面。

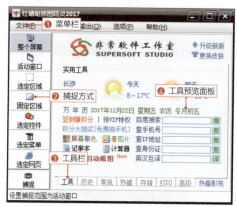

图4-25 红蜻蜓抓图精灵的工作界面

❶菜单栏：菜单栏位于软件名称下方，整个窗口的上端，由"文件""输入""输出""选项"和"帮助"5个菜单命令组成，单击任意一个菜单项都会弹出其包含的命令，红蜻蜓抓图精灵中的绝大部分功能都可以利用菜单栏中的命令来实现。菜单栏的右侧还显示了控制文件窗口显示大小的最小化、窗口最大化（还原窗口）、关闭窗口等几个快捷按钮。

❷捕捉方式：位于界面的左侧，竖向排列，包含了全部的屏幕捕捉方式，清晰简洁。

❸工具栏：位于窗口的底端，主要用于选择不同的项目，如"工具""历史""常规""热键""存储""打印"和"高级"等，用户可根据自己的需求在此栏目中进行选择，以达到捕捉屏幕的目的。

❹工具预览面板：主要用于展示选择的工具的属性，其显示的内容会因所选工具的不同而发生变化。在工具栏中选择相应的工具后，工具预览面板中将随之显示该工具可使用的功能。

专家指点

红蜻蜓抓图精灵是一款相当实用的屏幕捕捉软件，一方面它的界面设计简洁大方，另一方面它的操作步骤一目了然，是值得用户信赖的良心软件，也是使短视频制作更为顺畅的得力助手。

4.3.4　GifCam——让GIF录像变得简单可行

GifCam是一款集录制和剪辑功能为一体的屏幕GIF动画制作工具，我们平时在逛微博或者论坛的时候，可以看到很多用户的头像或者签名都是由GIF动画制作的，趣味性十足，而且能有效吸引他人的注意力。

除此之外，不少微信公众号也开始在发布的内容中加入GIF表情包以增添乐趣，而且还会与短视频形成照应。图4-26所示为日食记的微信公众号发布的美食制作过程，既有图文，又有短视频和GIF动画，相映成趣，讲解起来更加生动。

图4-26　日食记的微信公众号内容

> **专家指点**
>
> GifCam软件提供的是简洁的制作和加工动图的功能，随着新媒体平台的不断迅速发展，GIF图已经逐渐成为与图文、短视频并肩的内容形式之一，它的重要性也在日益凸显，为人们所重视。

GifCam软件的工作界面一目了然，美中不足的是操作提示以英文为主，理解起来可能有些许困难，但这不妨碍软件功能的发挥，图4-27所示为它的工作界面。

图4-27　GifCam的工作界面

❶工具栏：主要包含了界面的大小调节、自由移动、最大化、最小化及关闭软件等功能，它是隐藏在图标中的，只有单击软件图标才能显示出来。

❷编辑窗口：呈透明状，大小随着软件窗口的变化而变化，是进行动图制作、加工的主要界面。

❸选择项目：提供多种功能，包括打开文件、编辑文件大小、保存文件等。

4.3.5　PhotoZoom——让图片无损放大散发魅力

PhotoZoom是一款极具创造力、技术先进的图片无损放大工具，一般的工具在放大图片时往往会降低图片的画质，导致视觉效果不如人意，而这款软件则是专门针对这一痛点设计的，采用优化算法，尽可能地提升需要放大的图片的质量，是比较专业好用的图片放大软件。值得注意的是，PhotoZoom的操作方法也很简单，工作界面十分简洁，如图4-28所示。

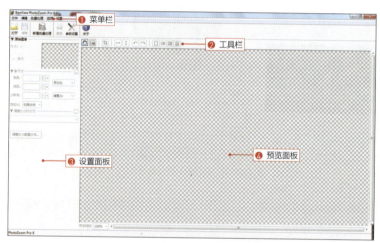

图4-28　PhotoZoom的工作界面

❶菜单栏：菜单栏位于软件名称下方，由"文件""编辑""批量处理""选项"和"视图"5个菜单命令组成，单击任意一个菜单项都会弹出其包含的命令，软件中的绝大部分功能都可以利用菜单栏中的命令来实现。菜单栏的右侧还显示了控制文件窗口显示大小的最小化、窗口最大化（还原窗口）、关闭窗口等几个快捷按钮。

❷工具栏：主要是用于调整图片查看模式和对图片进行裁剪的工具按钮，包含裁剪、选中、旋转、横排查看图片、竖排查看图片等功能。

❸设置面板：用于设置图片的分辨率、新尺寸（如长、宽、高），而且还可以对图片的锐度、自然度、颗粒度等进行调节。

❹预览面板：是编辑图片的主要工作区域，对图片进行放大和调整都在此区域进行。

专家指点

PhotoZoom软件不仅可以无损放大图片，而且还可以批量处理图片，即可以快速地对图片进行放大，并不损害图片的质量。这一方面保证了放大图片的品质，另一方面又有效提高了工作效率，一举两得。

第 **4** 章 后期软件，打造史诗级作品

使用PhotoZoom软件的过程很简单，新手易学，笔者在这里为大家介绍一下无损放大图片的步骤。

步骤01 进入PhotoZoom软件，如图4-29所示，❶单击"文件"按钮，弹出多个选项，❷单击"打开"选项。

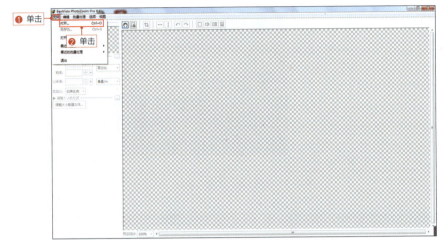

图4-29 单击"打开"选项

专家指点

在添加想要放大的图片时，要注意图片本身如果很大，再对其进行放大的话，刚导入图片就会导致预览面板被填满，这个时候可以单击预览面板左下方的"预览缩放"图标，选择小一点的比例来查看全图效果。

步骤02 执行上述操作后，会弹出如图4-30所示的界面，❶单击文件夹中的图片素材，❷再单击"打开"按钮进行确认。

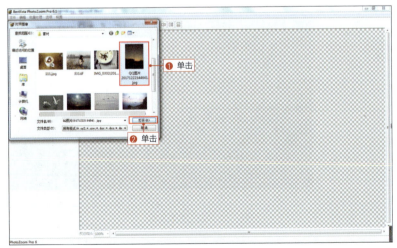

图4-30 选中图片素材

步骤03 之后图片素材就会在预览面板中展示出来，如图4-31所示，接着就要对图片的尺寸进行修改，主要包括长度、宽度、高度及分辨率。

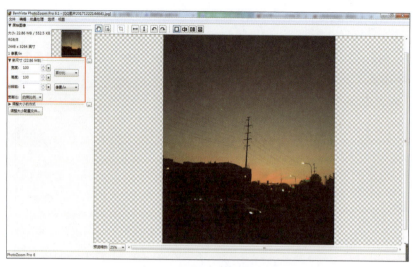

图4-31 预览面板中的图片素材

专家指点

在设置放大的图片的新尺寸时,可能不会一次就成功,因此在设置参数的时候可以多多尝试。特别值得注意的是,在设置分辨率参数的时候,图片会放大很多,因为精细度较高,不要被无限放大的图片吓倒,设置成功后图片会自动还原。

步骤 04 根据要求适当调整好图片的尺寸后,可以看到尺寸下方还有"调整大小的方式"这一功能,单击旁边的图标▶,如图4-32所示。

图4-32 单击三角形图标

步骤 05 接着会显示出一系列的调节参数,如图4-33所示,包括"锐化""胶片颗粒""减少不自然感""清脆度"和"鲜艳度"等,根据预览效果进行调节即可。接着对预览面板的视图模式进行选择,就可以查看图片放大的对比效果。

第 4 章 后期软件，打造史诗级作品

图4-33 调节尺寸之外的参数

专家指点

对放大图片的其他参数进行调节的好处在于修饰美化图片，例如有的图片可能在放大之后变得有些不自然，这时就可以对"减少不自然感"参数进行恰当的修改；有的图片可能放大了之后有些过于模糊，这时就可以通过调整"锐化"参数进行完善。

步骤06 图4-34所示为图片放大的对比视图模式，可以看出效果很显著，❶单击"文件"按钮，❷再选择"另存为"这一选项，即可存储制作好的无损放大图片。

图4-34 存储无损放大的图片素材

使用PhotoZoom软件无损放大图片的好处在于不会使图片失真，保持原有的清晰度，甚至让原来的图片的质量上升一个档次。作为短视频制作的辅助工具，它可以在制作短视频的封面图的时候发挥自己的力量，例如遇到一些很有创意的图片，但没有找到合适的尺寸，或者图片不符合封面图的要求，这些时候都可以用到PhotoZoom。

虽然PhotoZoom看起来毫不起眼，但在整个的短视频制作过程中，你会发现，很多时候我们需要的工具往往是我们之前想都没有想过的，但实际上，我们可能需要更多的工具帮助我们完成精细的打造工作。

第5章

快手App，《举腕之间，气宇不凡》显大气

随着新媒体的发展，快手、美拍、抖音、火山小视频等短视频平台都推出了短视频的营销形式，如在内容中植入广告、利用网红和名人吸引用户注意等，本章将以快手平台为例，详细介绍短视频的拍摄、处理及分享的流程和技巧。

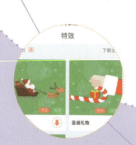

5.1 前期拍摄，一手打造高质量作品

短视频的制作技巧前面已经说了很多，但可能有的读者还是不知道如何让自己拍摄的短视频变得火爆，顺利吸引他人的注意。"光说不练假把式"，只有拍摄短视频、制作并上传，才能知道如何打造惹人注目、人气爆棚的作品。

快手平台上的短视频内容大多都是以幽默搞笑、生活窍门为主的，其中也不乏一些商业广告。在拍摄制作这些商业性的短视频时，创作者都花费了不少的心思，不仅是如何拍摄，还有如何处理及分享，这些都是影响短视频传播范围和传播效果的重要因素。那么，在拍摄这类型的短视频时，应该做哪些准备工作呢？做好准备之后又应该怎么拍摄呢？

5.1.1 拍前准备，有条不紊一气呵成

以拍摄手表的短视频为例，在拍摄之前，需要准备的App、工具、内容策划都要一应俱全，否则到了要用的时候就会手忙脚乱。很多人对拍前的准备工作不以为然，但实际上这是短视频拍摄的重要前提。

首先来看拍摄短视频要用到的App——小影，这款App笔者在前面的章节中已经提到过，而且也介绍过其相关功能，本章就会用它来对视频进行润色和打造，这里想要补充的是小影的主题模板功能。

这个功能比较适合快速地处理短视频，基本上可以一键生成大片效果，图5-1所示为视频的编辑界面，在界面下方有3大板块，即"主题""配乐"和"剪辑"。❶点击"主题"按钮会弹出不同的主题模板以供选择，❷点击"小影五周年"模板，会展示它的效果，如图5-2所示。

图5-1 视频编辑界面

图5-2 主题模板效果展示

如果没有找到符合视频内容的主题，还可以❸点击"下载更多"按钮进行筛选，图5-3所示为主题模板的界面。值得注意的是，有些主题模板是收费的，因此如果想要享受更多的特权，就需要成为小影的会员。图5-4所示为会员的充值界面，其中详细介绍了会员的具体特权。

图5-3 主题模板界面　　　　　　　图5-4 会员充值界面

其次是选择拍摄视频要用到的设备。主要的设备是手机，笔者选择的是主打拍照功能的"OPPO"品牌手机，型号是R11s Plus，内存为64 GB，运行内存（RAM）为6 GB。一般来说，是不用担心拍摄视频后无法存储的问题的。图5-5所示为OPPO R11s Plus。

图5-5 OPPO R11s Plus

第 5 章 快手App,《举腕之间,气宇不凡》显大气

这款手机的摄像镜头、屏幕分辨率十分专业和出色,屏幕分辨率为2 160×1 080,前置摄像头为2 000万AI智慧美颜,主要是用来自拍,后置摄像头为2 000万+1 600万双摄,光圈为后置双F1.7,前置双F2.0。在夜晚拍摄时,双摄以2 000万高感光摄像头为主,拍人更清晰,白天人像虚化更自然。

> **专家指点**
>
> 在拍摄该短视频的时候,还需要用到其他的辅助工具,如手机云台、手机三脚架等,这些工具的作用在于保证拍摄画面的稳定,同时也是提升视频质量的重要前提。

再次是选择拍摄场景。拍摄场景应该根据拍摄的对象而定,由于笔者拍摄的是手表,因此适合在安静的室内进行拍摄,而且最好还有比较温暖的光线。

最后是确定拍摄主题。笔者是根据拍摄的对象量身打造主题的,这是为了凸显出商品的特色,让用户看到主题就自然联想到商品。这次拍摄的短视频主题为"举腕之间,气宇不凡",一方面侧面暗示了拍摄的对象是手表,另一方面又表现了手表的非凡特质。

确定了主题之后,就可以通过手机按照要求拍摄相应的视频,图5-6所示为拍摄的初步画面。

图5-6 视频拍摄画面

119

后期对于视频的处理同样还是需要用到小影App，借助小影App强大的后期处理功能，经过重重的渲染、加工之后，短视频的画面效果变得更加美观、精彩，让人目不转睛，具体效果如图5-7所示。

图5-7 视频成品画面

当然，在拍摄的过程中，还要根据商品的特点从不同的角度展开拍摄，在下一节中，笔者将会详细介绍拍摄的具体技巧。

5.1.2 具体拍法，精确到位细节为重

实际上，在拍摄短视频的具体过程中，也需要考虑构图及角度的问题，不要拿到拍摄对象和主题就一顿乱拍，这样很难拍出较为优质的作品，同时也会给后期处理带来不必要的麻烦。

那么，在拍摄短视频的时候，到底应该怎么进行构思和构图呢？在这里，笔者以手表短视频为例，分别分析视频画面的不同构图方法，从而带给大家一些启发。在这里，大家可以使用前面章节中提到的构图方法来拍摄不同对象的视频。

首先来看两个构图相同的视频画面，如图5-8所示，它们的构图的共同特点在于：俯

视、特写及圆形构图。由于手表是一种比较经典、贵重的物品,制作的工艺也比较复杂,因此在拍摄的时候要全面展示出其工艺特色、细节,于是俯拍和特写的构图就成了最佳选择。俯拍构图不仅可以体现出画面的透视感,还可以使得画面更富纵深感、层次感。

图5-8 构图相同的视频画面

至于特写构图,是为了引起观看者的注意,采用近距离拍摄的方式以突出手表表盘的特征。圆形构图也是一样,能够将人们的注意力吸引到圆形之内,使人们看清楚表盘的构造。

再来看如图5-9所示的视频画面,它运用的是三分线构图的拍法,因为一直拍特写容易引起观看者的审美疲劳,因此适当地留出空间来展示物品也是一种行之有效的方法。三分线构图的目的其实也是突出主体,吸引注意力,同时让观看者在视觉上感觉更加舒适。

图5-9 三分线构图的视频画面

除此之外,浅景深构图也是拍摄手表的一种绝佳构图方式,浅景深构图通俗一点来说就是虚实对比。如图5-10所示,手表是实,背景为虚,虚实结合,给人一种主体突出、背景暗淡的感觉,同时也有效吸引了观看者对手表的注意力。

图5-10 虚实对比的视频画面

> **专家指点**
>
> 在拍摄景深构图的视频的时候,要注意几个要点,一是要学会对焦,没有对好焦距就不会有景深,照片就都是模糊的;二是在拍摄时要靠近被摄体,这样的话,主体与背景间的距离就会增大,这比在远处拍摄时的虚化要好。

在拍摄手表短视频的时候,也不能单单只围绕手表本身进行拍摄,最好还要构建出完整的场景,如图5-11所示。

图5-11 构建视频画面的场景

构建出完整的场景有利于展示商品的其他特色,如制作工艺的传承、兢兢业业的工匠精神等。这些都是在拍摄的过程中需要注意的,也是打造短视频的必要之选。

5.2 后期制作，借助工具渲染短视频

拍摄好初步的短视频之后，就要进入对其进行润色、加工的阶段了，这一阶段是重中之重，同时也是让众多创作者感到头疼的一个阶段。前期拍摄就像是写一篇小说时的构思、搭建框架、完成初稿，而后期制作就好比对小说书稿的修改、润色，只有经过这一步才能真正拿去发表，最后才能被大众所接受、喜爱。

由于快手App自带的后期处理功能目前还不是很强大，只有简单的滤镜、背景音乐、字幕、特效等，而且素材也比较匮乏，因此笔者选用小影作为短视频的后期处理App。本节笔者将详细介绍对手表短视频进行后期处理的基本过程，以供大家学习参考。

5.2.1 导入视频，为后续操作提供便利

以手表为主要内容的短视频能够吸引观看者的注意力，同时以观看者为对象进行营销。怎么导入视频、制作具有震撼力的片头是后期处理的重中之重，下面详细介绍导入短视频和添加片头镜头的步骤。

步骤01 进入小影App，会看到如图5-12所示的主界面，❶点击"视频剪辑"按钮，会跳转到如图5-13所示的视频添加界面，❷选择需要剪辑的视频，❸之后再点击界面右下角的"下一步"按钮。

图5-12 小影App界面

图5-13 视频添加界面

专家指点

在导入视频素材的时候，需要注意两点：一是分清楚视频素材所在的相册，避免一时之间不好找到；二是可对镜头的位置进行更改。

步骤 02 执行上述操作后，可看到视频已经变成如图5-14所示的那样，在界面的最下方有对视频进行编辑的各种工具，如"镜头剪辑""滤镜""多段配乐""字幕""画中画"等，❶在这些工具上从右往左滑动，❷点击"添加镜头"按钮。

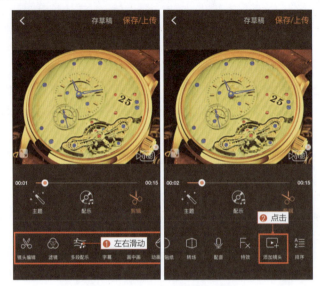

图5-14 点击"添加镜头"按钮

步骤 03 执行上述操作后，会直接跳转到如图5-15所示的视频选择界面，❶选择合适的片头视频，❷点击"下一步"按钮，会出现如图5-16所示的界面，❸点击"添加"按钮即可。

图5-15 选择镜头界面　　　　图5-16 点击"添加"按钮

专家指点

在添加镜头的时候，还可以对选择的素材进行各种操作，如调整视频的画面方向、对视频素材进行剪切等。也就是说可以在添加的时候对添加进来的镜头进行初步的编辑，以使得后续剪辑更加便捷。

5.2.2 添加滤镜，使画面效果让人眼前一亮

滤镜是让画面变得更加使人感觉舒适、亮眼的强大功能，对于手表的短视频而言，尤其需要滤镜为其增光添彩。下面笔者就将介绍如何为短视频添加好看且引人注意的滤镜。

步骤 01 接着5.2.1节继续对视频进行编辑，可以看到如图5-17所示的界面中有很多工具，❶点击"滤镜"按钮，会跳转到如图5-18所示的滤镜添加界面，❷点击图中用红色标出的图标，这是查看具体镜头的扩展工具。

图5-17 点击"滤镜"按钮

图5-18 点击"扩展"图标

步骤 02 执行上述操作后，可看到如图5-19所示的具体镜头，接下来便是分别给各个镜头添加滤镜。如图5-20所示，为默认选中的第一个镜头选择"雏菊"滤镜。

图5-19 具体镜头

图5-20 选择"雏菊"滤镜

步骤03 接着为第二个镜头添加滤镜,如图5-21所示,❶点击选中第二个镜头,❷再选择"深邃"滤镜,效果如图5-22所示。

图5-21 选中第二个镜头

图5-22 添加"深邃"滤镜

步骤04 然后是第三个镜头,如图5-23所示,❶先点击选中镜头,❷再选择"舒适"滤镜,效果如图5-24所示。

图5-23 点击选中镜头

图5-24 添加"舒适"滤镜

步骤 05　接下来是第四个镜头,如图5-25所示,默认的是"无滤镜",❶点击选中第四个镜头,❷选择"薰衣草"滤镜,让画面显得更加清晰温暖,如图5-26所示。

图5-25　点击选中镜头　　　　图5-26　选择"薰衣草"滤镜

步骤 06　最后是最后一个镜头,如图5-27所示,❶点击选中最后一个镜头,❷再选择"银杏"滤镜,效果如图5-28所示。

图5-27　点击选中镜头　　　　图5-28　添加"银杏"滤镜

值得注意的是，在添加滤镜的过程中，实际上还有更多的类型可以选择，因为移动端的界面比较小，所以能够展示的滤镜有限。如果现有的滤镜无法满足要求，可以点击如图5-27所示的"下载更多"按钮，寻求更多样式的滤镜。

图5-29所示为更多样式的滤镜，它以主题为板块，一个主题下有一个滤镜套餐，如果觉得适合自己的视频，❶就可以直接点击下载图标 ，进入下载界面，❷再点击"免费下载"按钮即可使用，不过有的滤镜主题需要开通会员才能下载使用。

图5-29 下载更多样式的滤镜

5.2.3 背景音乐，动人心弦的必然选择

音乐是视频的灵魂，也是吸引注意力的好手段，一个内容优质的短视频如果没有与之相匹配的背景音乐作为衬托，那么这个短视频就不能算是出色的。背景音乐是短视频的点睛之笔，笔者将详细介绍给短视频配乐的流程。

步骤01 接着5.2.2节继续编辑手表短视频，如图5-30所示，❶点击"多段配乐"按钮，跳转到如图5-31所示的音乐添加界面，❷点击界面下方的音乐图标 。

图5-30 点击"多段配乐"按钮　　图5-31 "多段配乐"界面

第 5 章 快手App，《举腕之间，气宇不凡》显大气

步骤02 执行上述操作后，即可进入音乐素材的筛选页面，如图5-32所示，有3个途径可以获取音乐资源，即网络、已下载及本地，点击"本地"按钮可看到如图5-33所示的本地音乐界面，如果网络上提供的音乐不符合要求，可以自行在别的地方下载音乐，然后进行添加。

图5-32 音乐资源库　　　　　图5-33 本地音乐界面

步骤03 笔者选择的是在网络上下载的音乐，如图5-34所示，❶点击具体的音乐即可试听效果，如图5-35所示，❷然后点击"添加"按钮即可。

图5-34 点击音乐试听　　　　　图5-35 点击"添加"按钮

步骤04 执行上述操作后跳转到如图5-36所示的界面，音乐会直接融入视频，如果想要调整音乐开始和结束的时间，❶可以直接点击图中的开始图标和暂停图标进行调节，❷确认无误后即可点击界面右上角的图标完成音乐的添加，如图5-37所示。

129

图5-36 调整音乐　　　　图5-37 完成配乐

5.2.4　精准字幕，丰富信息的定位传递

字幕可以更加精确地传达视频中商品的信息和卖点，同时还能够有效地吸引观看者的注意力，下面详细介绍为短视频添加字幕的具体步骤。

步骤01 接着5.2.3节继续编辑短视频，如图5-38所示，❶点击"字幕"按钮，跳转到如图5-39所示的字幕添加界面，❷接着在播放到想要加入字幕的画面时点击暂停图标▶，❸然后点击界面下方的字幕添加图标 T 即可。

图5-38 点击"字幕"按钮　　　　图5-39 添加字幕

步骤02 执行上述操作后，即可开始为短视频增添字幕。在本例中，在视频播放至00：04的时候，❶点击暂停图标▶，如图5-40所示，接着进入如图5-41所示的字幕编辑界面，❷点

击文本框图标■，❸点击合适的文本框样式。

图5-40 点击"暂停"图标

图5-41 选择文本框样式

步骤03 如果觉得已有的文本框样式不符合短视频的风格，❶还可以通过点击编辑界面右下角的商店图标■进行搜寻，接着会看到如图5-42所示的诸多样式的字幕文本框主题，❷点击主题即可查看详情。详情界面如图5-43所示，❸下载成功后点击"使用"按钮即可应用到字幕中。

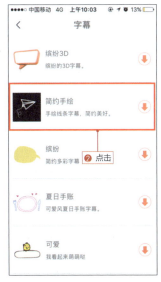

图5-42 字幕文本框主题界面

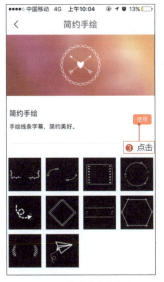

图5-43 下载字幕文本框主题

步骤04 回到刚刚的字幕编辑，选择好文本框样式之后会弹出文字输入栏，❶输入与短视频内容相符的主题词，如图5-44所示，❷再点击"确认"按钮，文本框就会变成如图5-45所示的那样。文本框内的文字样式、颜色都可以编辑，❸点击调色盘图标■。

图5-44 输入文本

图5-45 字幕添加初步效果展示

步骤05 执行上述操作后,会进入文本框内的文字颜色的选择界面,如图5-46所示,❶点击"白色"图标,❷再点击图标☑,会跳转到如图5-47所示的效果展示界面,❸在00:10的位置点击图标☑完成此时段的字幕添加。

图5-46 选择文本框内的字体颜色

图5-47 固定时段的字幕添加

步骤06 执行上述操作后,接着为第二个时段的画面添加字幕,如图5-48所示,❶点击暂停图标▶,❷再点击字幕添加图标☑,进入如图5-49所示的字幕编辑界面。

第 **5** 章　快手App，《举腕之间，气宇不凡》显大气

图5-48 选择字幕添加的时间

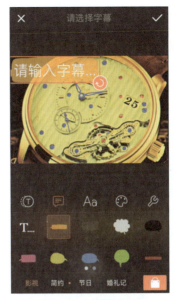

图5-49 字幕编辑界面

步骤07　首先是选择字幕的边框，❶点击黑色边框，如图5-50所示。❷接着点击文本框中间，❸输入字幕，如图5-51所示，❹最后点击"确认"按钮即可。

图5-50 选择字幕文本框样式

图5-51 输入字幕内容

步骤08　接下来是对字幕的字体进行调整，图5-52所示为输入字幕内容后的编辑界面，❶点击"Aa"图标，会弹出如图5-53所示的多种字体选项，❷点击"苹方-中等"选项即可将该字体应用到画面中的字幕上。同样，这里的字体样式也提供了多种选择，如果觉得没有合适的还可以自行下载。

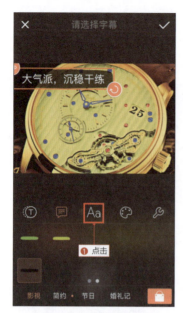

图5-52 点击"Aa"图标

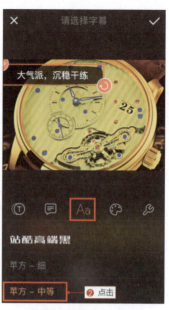

图5-53 选择合适的字体

步骤 09 选好合适的字体后，就要对字体的颜色进行调整，❶点击如图5-54所示的调色盘图标 ，❷然后选择合适的颜色，❸接着点击界面右上角的图标 ，会跳转到如图5-55所示的效果预览界面。❹在播放到选定的时间点时点击界面下方的图标 ，❺接着点击界面右上角的图标 即可完成这一时间段的字幕添加。

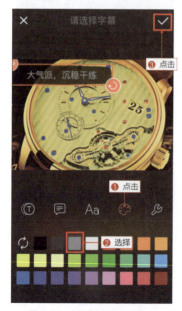

图5-54 选择合适的字体颜色

图5-55 效果预览界面

专家指点

如果觉得字幕效果做得不好或者不想在这一时间段添加字幕，点击图标 旁边的撤销图标 即可。

第 5 章　快手App，《举腕之间，气宇不凡》显大气

步骤10 执行上述操作后，字幕效果预览界面如图5-56所示，按照策划的主题给每个不同的画面添加适当的字幕即可，由于篇幅有限，笔者在这里不一一阐述后面场景的字幕制作过程，步骤都是大同小异的。完成短视频的字幕编辑后，点击如图5-57所示的界面的右上角的图标✓即可。

图5-56 字幕效果预览界面　　　　图5-57 字幕编辑完成界面

后续用相同方法制作的字幕效果如图5-58所示，文本框样式的选择、文字颜色的搭配都是以提升观看者的视觉体验为出发点的。

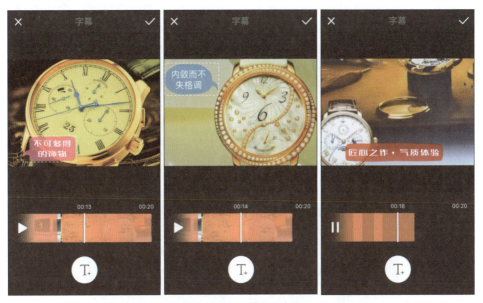

图5-58 后续字幕制作效果

135

5.2.5 动画贴纸，逸趣横生的附加元素

动画贴纸是为短视频增添趣味和活力的有力元素，例如有的短视频通过搞怪的贴纸来吸引观看者的注意力，从而使观看者对短视频产生浓厚的兴趣。下面详细介绍动画贴纸的制作过程。

步骤 01 图5-59所示为已经添加了字幕的短视频界面，点击"动画贴纸"按钮，随即进入短视频时间轴界面，如图5-60所示。

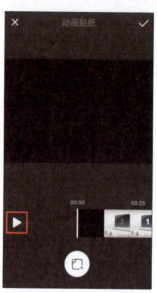

图5-59 点击"动画贴纸"按钮　　图5-60 短视频时间轴界面

步骤 02 接着选择合适的时间点插入动画贴纸，如图5-61所示，选择00:03这个时间点，❶点击赞叹图标▶，❷或者直接点击图标◎，进入如图5-62所示的动画贴纸编辑界面。

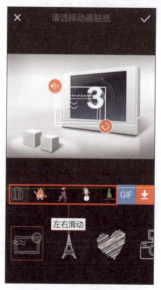

图5-61 选择加入动画贴纸的时间点　　图5-62 动画贴纸编辑界面

第 5 章　快手App，《举腕之间，气宇不凡》显大气

步骤 03　在动画贴纸编辑界面中，❶点击合适的贴纸主题，如图5-63所示，❷之后再左右滑动贴纸，❸点击合适的贴纸，如图5-64所示，❹之后点击界面右上角的图标✓即可。

图5-63　选择合适的贴纸主题　　　　图5-64　选择贴纸类型

步骤 04　执行上述操作后，会跳转回如图5-65所示的时间轴界面，让短视频播放至00∶17的位置，❶点击界面下方的动画贴纸图标⬚，进入如图5-66所示的动画贴纸编辑界面，❷左右滑动贴纸。

图5-65　点击动画贴纸图标　　　　图5-66　动画贴纸编辑界面

步骤 05　接着❶点击合适的动画贴纸，如图5-67所示，根据要求调整位置，❷随后点击界面右上角的图标✓即可。如果觉得已经展示出来的动画贴纸类型太少，❸可以通过点击界面中

的GIF图标进入如图5-68所示的动图界面进行筛选，当然，❹也可以直接在界面中进行精确搜索。

图5-67 选择合适的动画贴纸

图5-68 GIF图的界面

步骤 06 此外，点击如图5-67所示的界面中的下载图标 ，会进入如图5-69所示的动画贴纸主题界面，❶对于已经下载过的，点击"使用"按钮即可使用，❷对于没有下载的，点击下载图标 进行下载。而动画贴纸的编辑至此也就告一段落，确认无误后，❸点击如图5-70所示界面中的图标 即可完成动画贴纸的添加。

图5-69 动画贴纸主题的界面

图5-70 动画贴纸的编辑完成界面

5.2.6 转场效果,让人目不转睛的惊喜

转场是场景与场景之间的过渡、变换,在短视频中,添加转场效果的作用在于丰富画面,吸引观看者的注意力。因此,转场是这其中不可缺少的一个环节。下面笔者详细介绍给手表短视频制作转场效果的过程。

步骤 01 图5-71所示为已经添加了动画贴纸的短视频界面,点击"转场"按钮,即可进入如图5-72所示的转场编辑界面。

图5-71 点击"转场"按钮

图5-72 转场编辑界面

步骤 02 从图中可以看到小影App提供了很多类型的转场,❶点击第一个镜头转换图标,❷再点击"溶解"转场效果,即可得到如图5-73所示的效果。接着进入如图5-74所示的镜头转换界面,默认的同样也是无效果。

图5-73 "溶解"转场效果

图5-74 第二个镜头转换界面

步骤03 ❶选择"活力"转场效果,得到如图5-75所示的画面效果,❷接着点击下一个镜头的图标▶,进入如图5-76所示的界面,默认的同样也是无转场。

图5-75 "活力"转场效果　　　　图5-76 转场编辑界面

步骤04 点击选择如图5-77所示的"旋出"转场效果,效果设置好之后进入下一个场景的转换界面,如图5-78所示。

图5-77 选择"旋出"转场效果　　　　图5-78 转场编辑界面

步骤05 点击"圈入"转场效果,界面如图5-79所示,确认无误后进入下一个转场效果的设置界面,如图5-80所示。

第 **5** 章 快手App,《举腕之间,气宇不凡》显大气

图5-79 点击"圈入"转场效果　　　图5-80 转场编辑界面

步骤 06 ❶点击选择"燃烧"转场效果,如图5-81所示,❷接着点击界面右上角的图标 ✓ 即可完成转场效果的添加。此外,点击转场效果前面的"下载更多"按钮还能使用更多的转场效果,如图5-82所示,只要点击下载图标 ↓ 即可下载使用。

图5-81 "燃烧"转场效果　　　图5-82 转场效果素材界面

5.2.7 加入特效,特定氛围的精心营造

接下来就是特效的加入了,特效同样也是吸引用户眼球的利器,不仅如此,特效的添加还能营造某种特定的氛围,让视频传递更多的情感。下面详细介绍特效的添加步骤。

步骤 01 图5-83所示是已经加入了转场效果的短视频界面,点击"特效"按钮,进入如图5-84所示的特效时间轴界面,点击暂停键 ▶ 选择合适的时间点。

图5-83 点击"特效"按钮

图5-84 特效时间轴界面

步骤 02 笔者选择了00:02这个时间点，❶直接点击如图5-85所示的图标 进入特效选择界面，如图5-86所示，界面下方会直接出现各种样式的特效，根据视频的内容或者自己的喜好进行选择，二次元的特效显然与主题不太符合，❷点击选择"爱情"特效主题。

图5-85 点击"Fx"图标

图5-86 特效的选择界面

步骤 03 执行上述操作后，弹出如图5-87所示的爱情主题的特效，❶根据画面点击选择相应的特效，就会出现如图5-88所示的画面，❷确认特效之后再点击界面右上角的图标 ，即可开始添加下一个特效。

图5-87 选择具体的特效

图5-88 特效效果

第 5 章 快手App,《举腕之间,气宇不凡》显大气

步骤04 执行上述操作后,会重新回到特效的时间轴界面,如图5-89所示,❶点击选择00:13这个时间点,❷点击图标Fx,如图5-90所示。

图5-89 选择加入特效的时间点　　图5-90 点击"Fx"图标

专家指点

在选择添加特效的时间点的时候,需要注意2点,一是最好在画面比较单调的时候加入特效,二是特效的间隔时间要把握好,不要太过频繁。

步骤05 执行上述操作后,进入如图5-91所示的特效选择界面,❶点击选择有爱心元素的特效,效果如图5-92所示,❷接着点击界面右上角的图标✓即可。

图5-91 特效选择界面　　图5-92 特效效果

步骤06 又回到如图5-93所示的特效时间轴界面,❶点击选择00:16这个时间点点击图标Fx,进入如图5-94所示的特效选择界面,图中展示的还是上个时间点选择的特效,❷这时可以点击不同的特效进行尝试。

143

图5-93 点击"Fx"图标　　　图5-94 选择具体的特效

步骤07 执行上述操作后，会出现如图5-95所示的效果页面，❶确定效果后点击界面右上角的图标，然后就会进入如图5-96所示的特效时间轴界面，❷点击图标▶观看一遍特效效果之后，❸再点击界面右上角的图标✔即可完成特效的添加。

图5-95 特效的效果界面　　　图5-96 特效的时间轴界面

此外，值得注意的是，在选择特效的时候，小影平台其实提供了很多素材，点击如图5-95所示的界面右下角的商店图标，即可进入特效主题的界面，如图5-97所示，❶只要点击主题右下角的下载图标，就会弹出具体的主题下载界面，❷点击"下载"按钮，即可轻松下载喜欢的特效主题，如图5-98所示。

第 5 章 快手App,《举腕之间,气宇不凡》显大气

图5-97 特效主题界面

图5-98 具体特效主题的下载界面

5.3 发布分享,多渠道传播优质内容

手表短视频的后期处理已经完成,接下来就是作品的保存、发布和分享,这是推广和宣传作品的过程,同时也是发挥短视频价值的重要环节。好的作品只有让更多的人知道才能发挥作用,发布和分享视频是借助平台的力量来曝光短视频内容,从而起到营销和营利的作用,本节将详细介绍制作好的短视频如何保存、上传和分享。

5.3.1 导出保存,微小细节不容忽视

短视频的保存虽然看上去很简单,或者说好像没有步骤可言,但实际上它也有许多不可忽视的小细节,如标题、封面、画质等。下面详细介绍短视频的保存过程。

步骤01 制作完成的短视频界面如图5-99所示,❶确认之后点击界面右上角的"保存/上传"按钮,进入如图5-100所示的界面,注意空白框中的文字,❷按照要求输入内容。

图5-99 点击"保存/上传"按钮

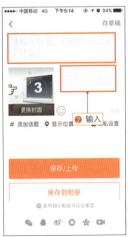

图5-100 短视频的保存界面

145

步骤02 执行上述操作后，会看到如图5-101所示的界面，❶接着点击"保存到相册"按钮，会弹出如图5-102所示的选项，❷点击较高画质的选项即可。

图5-101 点击"保存到相册"按钮　　图5-102 选择较高画质

步骤03 执行上述操作后，界面会变成如图5-103所示的那样，导出完毕后短视频就会保存在如图5-104所示的工作室中，同时在手机相册里也能找到。

图5-103 短视频保存界面　　图5-104 "我的工作室"界面

5.3.2 发布分享，定向选择找准渠道

由于是以快手短视频平台为发布平台，因此笔者专门把短视频从小影App中导出至本地，以便更加便捷地上传和分享。本节将详细介绍在快手平台上发布短视频的方法。

步骤01 进入快手App，如图5-105所示，❶点击界面右上角的摄像头图标，进入如图5-106所示的短视频拍摄界面，❷点击"相册"按钮。

第 **5** 章　快手App,《举腕之间，气宇不凡》显大气

图5-105 快手App发现界面　　图5-106 短视频拍摄界面

步骤 02 执行上述操作后，会进入如图5-107所示的相册胶卷界面，❶选择已经存储的短视频，接着会展示短视频的效果，如图5-108所示，❷点击"下一步"按钮即可。

图5-107 相机胶卷界面　　图5-108 点击"下一步"按钮

步骤 03 执行上述操作后会进入如图5-109所示的短视频编辑界面，由于前面已经对其进行了后期处理，因此这里主要制作短视频的封面，❶点击"封面"按钮，弹出封面的时间轴，如图5-110所示，❷从时间轴中选择合适的画面作为封面。

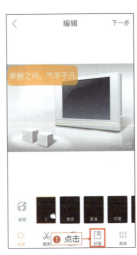

图5-109 短视频的编辑界面　　图5-110 选择合适的画面做封面

147

步骤 04 执行上述操作后，会出现如图5-111所示的界面，封面图出现在界面上方。为了吸引观看者的注意，❶还可以选择相应的文本框，通过文字标题来传递信息，选择后的效果如图5-112所示，❷接着点击空白处，输入符合画面的主题文字。

图5-111 选择文本框样式　　图5-112 输入主题文字

步骤 05 执行上述操作后，会出现如图5-113所示的画面，紧接着进入如图5-114所示的界面，点击"下一步"按钮即可。

图5-113 主题文字效果　　图5-114 点击"下一步"按钮

专家指点

值得注意的是，在进行文本框样式的选择时，有多种选择，只需点击"…"图标，即可看到更多的文本框类型。

第 5 章 快手App，《举腕之间，气宇不凡》显大气

步骤 06 执行上述操作后，进入短视频的分享界面，如图5-115所示，在界面的右上方有空白区域，提示可以输入与短视频相关的内容，❶输入内容之后的界面如图5-116所示。❷确认后点击"发布"按钮即可。

图5-115 短视频的分享界面

图5-116 点击"发布"按钮

专家指点

除了在快手平台上发布分享短视频之外，还可以通过点击图5-116所示的界面中的"微信朋友圈""微信好友""QQ好友""QQ空间"及"新浪微博"等按钮进行不同渠道的分享。这样一来短视频的曝光率又会有所提升，从而促进商品的销售。

步骤 07 最后，短视频会出现在如图5-117所示的关注界面内，❶点击短视频，就会看到如图5-118所示的短视频画面。如果想让更多人看到作品，❷就点击上方的按钮，使用粉丝头条进行曝光，从而吸引更多的粉丝观看。

图5-117 短视频在关注界面中的展示

图5-118 短视频的展示

第6章

今日头条,《手机摄影高手真经》明特色

新媒体短视频不仅为社交媒体平台增添了活力,而且还成为了资讯类客户端中传递信息常用的形式。如著名的今日头条上就有不少短视频,那么这些短视频又是如何拍摄制作的呢?本章将向大家介绍今日头条平台的短视频的制作全过程。

6.1 前期拍摄，精心筹划视频进程

短视频是新媒体常用的一种营销推广形式，同时也是很多媒体平台的内容形式，例如今日头条客户端上就展示了很多短视频，这些短视频涵盖了很多内容，包括生活窍门、时事新闻、娱乐搞笑及电子竞技等。

那么，如果想要拍摄短视频并上传到今日头条平台上的话，应该如何做准备工作呢？前期的拍摄工作又应该怎么进行呢？本节笔者将以书籍类的短视频为例，详细介绍拍前的准备和拍摄的流程。

6.1.1 拍前准备，一应俱全不慌不乱

以拍摄书籍类的短视频为例，在拍摄之前，要准备好相关的设备、辅助工具及后期处理的软件，同时还要对内容进行细致的策划。准备工作是拍摄的前提，同时也是对拍摄思路的梳理。

首先，要明确用到哪些设备。笔者在这里用到的主要拍摄设备是华为Mate 10，如图6-1所示。华为近来口碑一直不错，这款产品在摄像方面也有较大的优势，具体表现在主摄像头最大可支持4K（3 840×2 160）、30帧/秒的视频的拍摄，副摄像头最大支持FHD（1920×1080）30帧/秒的视频的拍摄，变焦模式为2倍双摄变焦，同时还具有3D动态全景、大光圈、超级夜景、人像模式、延时摄影等多种拍摄模式。

图6-1 华为Mate 10

此外，笔者还用到了手机稳拍器和手机支架，目的是保证拍摄画面的质量。

其次，要明确拍摄选择什么场景。由于拍摄的对象为静态的书籍，因此笔者选择在相对而言较为安静的室内，而且是光线比较充足的位置。

再次，要明确后期处理用什么软件。笔者在这里使用的是比较容易上手的会声会影X10，具体的使用方法在后面的内容中会详细阐述。

最后，要明确拍摄采用什么主题。因为是发布至今日头条上的短视频内容，所以笔者采

用的主题是与书籍密切相关的"手机摄影高手真经,让大咖手把手教你摄影"。

制作完成的短视频效果画面如图6-2所示。

图6-2 《手机摄影高手真经》效果

6.1.2 具体拍法,构图场景面面俱到

在拍摄书籍短视频的过程中,具体怎么拍对于很多人来说也是一大难题,拍摄的角度、如何进行场景的变换、拍摄对象的构图等都是需要注意的问题。笔者在这里想着重讲的是拍视频时的构图问题,图6-3所示为反对角线构图,将主体对象置于水平与竖直黄金分割线的

右上交叉点和左下交叉点位置,如此可形成呼应的效果。焦点在画面从左下至右上延伸的对角线方向上,遥相呼应的气球为画面增加了几分平衡感。

图6-3 反对角线构图

再看图6-4,它利用了多根线条,形成了斜线透视构图手法,立体线条在画面中形成了透视效果,空间具有很强的压缩感。

图6-4 斜线透视构图

短视频的拍摄过程中最重要的是一开始就根据内容策划好主题,这样后续的事宜就会进行得有条不紊,从而打造出效果完美的短视频。

6.2 后期处理,依据步骤循序渐进

后期处理的过程比较复杂,但只要跟着操作一遍就能有大致的印象,反复练习就会熟能生巧,所以对于新手学习后期软件而言,主要是多学多练。首先需要将短视频的素材导入到素材

库中，然后添加背景视频至视频轨中，将照片添加至覆叠轨中，为覆叠素材添加动画效果，然后添加字幕、音乐文件。

6.2.1 导入素材，关键环节必不可少

在制作视频效果之前，首先需要导入相应的情景摄影视频素材，导入素材后才能对视频素材进行相应的编辑。

步骤 01 在会声会影X10的素材库界面左上角单击"媒体"按钮，切换至"媒体"素材库，展开库导航面板，单击上方的"添加"按钮，如图6-5所示。

步骤 02 执行上述操作后，会新增一个名称为"文件夹"的文件夹，如图6-6所示。

图6-5 单击"添加"按钮　　　　　　　　图6-6 新增一个"文件夹"文件夹

步骤 03 在菜单栏中，单击"文件"|"将媒体文件插入到素材库"|"插入视频"命令，如图6-7所示。

步骤 04 执行操作后，弹出"浏览视频"对话框，选择需要导入的视频素材，如图6-8所示。

图6-7 单击"插入视频"命令　　　　　　图6-8 选择需要导入的视频素材

专家指点

在选择素材时，注意要事先把素材存储在一个固定的位置，避免在插入素材的时候花费过多的时间。

步骤 05 单击"打开"按钮，即可将视频素材导入到新建的文件夹中，如图6-9所示。

第 **6** 章 今日头条，《手机摄影高手真经》明特色

图6-9 将视频素材导入到新建的文件夹中

步骤 06 选择相应的情景摄影视频素材，在导览面板中单击"播放"按钮，即可预览导入的视频素材的画面效果，如图6-10所示。

图6-10 预览导入的视频素材的画面效果

步骤 07 在菜单栏中，单击"文件"|"将媒体插入到素材库"|"插入照片"命令，如图6-11所示。

步骤 08 执行操作后，弹出"浏览照片"对话框，在其中选择需要导入的多张情景摄影照片素材，单击"打开"按钮，如图6-12所示。

图6-11 单击"插入照片"命令   图6-12 选择需要导入的照片

步骤 09 执行以上操作后，即可将照片素材导入到"文件夹"中，如图6-13所示。

155

图6-13 将照片素材导入到素材库中

步骤10 在素材库中选择相应的情景摄影照片素材,在预览窗口中可以预览导入的照片素材的画面效果,如图6-14所示。

图6-14 预览导入的照片素材的画面效果

6.2.2 背景动画,丰富视效打动人心

将手机摄影素材导入到"媒体"素材库的"文件夹"中后,接下来用户可以将视频文件添加至视频轨中,制作手机摄影视频画面效果。

步骤01 将"文件夹"中的"视频背景"素材添加到视频轨中,如图6-15所示。

步骤 02 选择视频轨中的素材，进入"属性"选项面板，选中"变形素材"复选框，在预览窗口中拖动素材四周的控制柄，调整视频至全屏大小，如图6-16所示。

图6-15 将素材添加到视频轨中

图6-16 调整视频至全屏大小

6.2.3 片头特效，让人眼花缭乱惹人注目

在会声会影X10中，可以为视频文件添加片头动画效果，增强影片的观赏性。下面向读者介绍制作视频片头动画特效的操作方法。

步骤 01 在时间轴面板中，将时间轴滑块移至00:00:06:05的位置处，将"封面图.png"图像素材添加至覆叠轨#1中，如图6-17所示。

步骤 02 在预览窗口中，调整素材的大小和位置，如图6-18所示。

图6-17 将素材添加到覆叠轨#1中

图6-18 调整覆叠素材的大小和位置

步骤 03 在预览窗口中选择覆叠轨#1中的图像素材，单击鼠标右键，在弹出的快捷菜单中选择"保持宽高比"选项，如图6-19所示。

步骤 04 选择覆叠轨#1中的图像素材，进入"属性"选项面板，在其中选中"基本动作"单选按钮，在"进入"选项区中单击"从左边进入"按钮，在"退出"选项区中单击"从右边退出"按钮，如图6-20所示。

图6-19 选择相应选项

图6-20 单击相应按钮

步骤 05 执行操作后,即可完成覆叠特效的制作,在预览窗口中可以预览覆叠画面的效果,如图6-21所示。

图6-21 预览覆叠画面的效果

步骤 06 调整时间轴滑块至00:00:01:15的位置,切换至"标题"素材库,在预览窗口中的适当位置双击,为视频添加片头字幕"《手机摄影高手真经》",如图6-22所示。

步骤 07 在"编辑"选项面板中,设置区间为00:00:00:24,设置"字体"为楷体,"字体大小"为90,单击"色彩"色块,选择第1排倒数第2个颜色,如图6-23所示。

图6-22 添加片头字幕

图6-23 设置相应参数

步骤 08 进入"属性"选项面板,选中"动画"单选按钮和"应用"复选框,单击"应用"右侧的下三角按钮，在弹出的列表框中选择"淡化"选项，在其中选择第1排第2个预设样式，如图6-24所示。

步骤 09 选择添加的标题字幕，单击鼠标右键，在弹出的快捷菜单中选择"复制"选项，将其粘贴至标题轨中的适当位置，如图6-25所示。

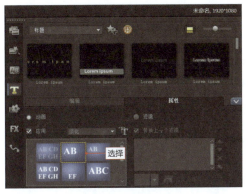

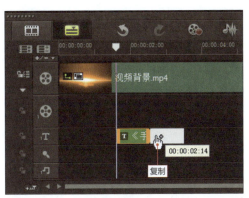

图6-24 选择预设样式　　　　　　　　　图6-25 复制字幕文件

步骤 10 在"编辑"选项面板中设置"区间"为00:00:03:18，在"属性"选项面板中取消选中"应用"复选框，即可完成第二段字幕文件的制作，如图6-26所示。操作完毕后，即可看到字幕内容显示在时间轴面板中，如图6-27所示。

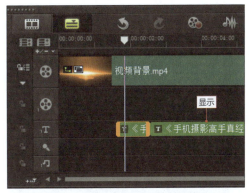

图6-26 取消选中"应用"复选框　　　　　图6-27 时间轴面板中显示字幕内容

步骤 11 单击导览面板中的"播放"按钮，即可在预览窗口中预览视频效果，如图6-28所示。

图6-28 预览片头画面效果

6.2.4 覆叠画面，绝佳搭配天衣无缝

在会声会影X10中，用户可以在覆叠轨中添加多个覆叠素材，制作视频的画中画特效，还可以为覆叠素材添加边框效果，使视频画面更加丰富多彩。本节主要向读者介绍制作画面覆叠特效的操作方法。

步骤 01 拖动时间轴滑块至00:00:21:15的位置，在素材库中选择"1.tif"图像素材，单击鼠标左键并将其拖曳至覆叠轨#1中，如图6-29所示。

步骤 02 在"编辑"选项面板中，设置"区间"为00:00:04:00，如图6-30所示。

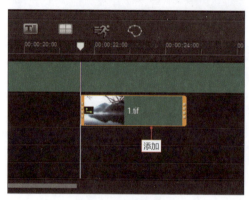

图6-29 添加图像素材

图6-30 设置素材区间

步骤 03 进入"属性"选项面板，单击"遮罩和色度键"按钮，在其中设置"边框"为2，"边框颜色"为白色，如图6-31所示。

步骤 04 在预览窗口中可以调整素材的大小和位置，如图6-32所示，在"属性"选项面板中选中"基本动作"单选按钮，单击"从左上方进入"按钮，为素材添加动作效果。

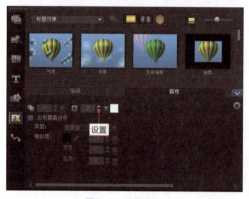

图6-31 设置边框

图6-32 调整素材的大小和位置

步骤 05 用同样的方法在覆叠轨#1中，继续添加4幅图像素材，并设置边框效果与动作效果，时间轴面板如图6-33所示。

第 **6** 章 今日头条,《手机摄影高手真经》明特色

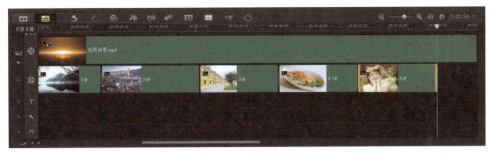

图6-33 时间轴面板

步骤 06 单击导览面板中的"播放"按钮,即可在预览窗口中预览这些覆叠素材的效果,如图6-34所示。

图6-34 预览覆叠素材的效果

专家指点

需要注意的是,导览面板虽然可以预览素材效果,但不可以直接在导览面板中对素材进行调整。

6.2.5 字幕效果,传情达意不在话下

在会声会影X10中,单击"标题"按钮,切换至"标题"素材库,在其中用户可根据需要输入并编辑多个标题字幕。

步骤 01 在标题轨中复制前面制作的片头字幕文件,将字幕复制到标题轨中的适当位置,根据需要更改字幕的内容,并设置字幕属性、区间、动画效果等,标题轨中的字幕文件如图6-35所示。

161

图6-35 标题轨中的字幕文件

步骤02 单击导览面板中的"播放"按钮,预览制作的字幕特效,如图6-36所示。

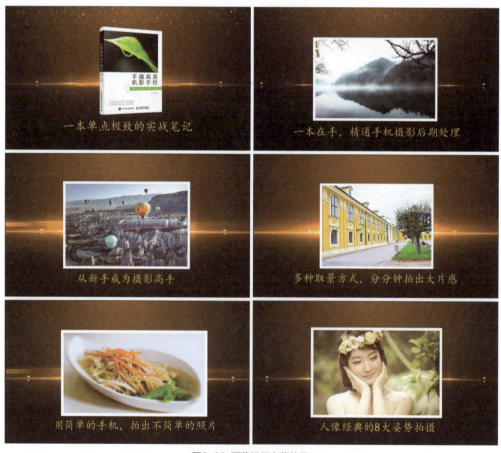

图6-36 预览视频字幕效果

6.2.6 背景音效,魅力大增回味无穷

在会声会影X10中为视频配乐可以增强视频的感染力,下面介绍制作视频背景音乐的操作方法。

第 **6** 章 今日头条,《手机摄影高手真经》明特色

步骤 01 在时间轴面板中将时间轴滑块移至开始位置,在"文件夹"中选择"背景音乐.wav"音频素材并添加到音乐轨中,如图6-37所示。

步骤 02 在"音乐和声音"选项面板中,设置素材区间为00:00:58:15,单击"淡入"按钮和"淡出"按钮,设置背景音乐的淡入和淡出特效,如图6-38所示。

图6-37 将素材添加到音乐轨中

图6-38 单击"淡入"按钮和"淡出"按钮

专家指点

在添加背景音乐的时候,最好根据短视频的内容匹配气氛、情调相似的音乐,而不是随意添加。音乐的作用是从听觉上带给受众美的享受,不仅要重视视觉上的打造,而且还不能忽视听觉上的效果。

6.3 发布分享,瞄准目标一步到位

短视频效果基本制作完成后,就可以对其进行保存和分享了,将短视频从会声会影中导出是渲染输出的过程,接着就是分享至今日头条客户端上。分享的过程既是提升短视频曝光率的过程,也是对短视频进行推广的过程,关键在于如何瞄准目标,找准受众,从而发挥出短视频的价值和作用,本节将详细介绍这两大步骤。

6.3.1 渲染输出,格式大小不可忽视

创建并保存视频文件后,用户即可对其进行渲染输出,渲染完成后可以将视频分享至各种新媒体平台上,这里主要的发布平台是今日头条。下面介绍输出与分享媒体视频文件的操作方法。

步骤 01 切换至"共享"步骤面板,在其中选择"MPEG-2"选项,在"配置文件"右侧的下拉列表中选择第2个选项,如图6-39所示。

步骤 02 在下方面板中设置"文件名"和"文件位置",设置完成后,单击"开始"按钮,即可开始渲染视频文件,并显示渲染进度,如图6-40所示,渲染完成后,切换至"编辑"步骤面板,在素材库中可以查看输出的视频文件。

163

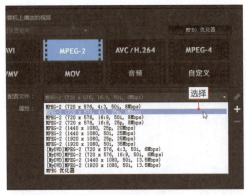
图6-39 选择第2个选项

图6-40 显示渲染进度

专家指点

会声会影是处理小视频非常方便快捷的软件，给大家推荐一本好书——《会声会影X9 DV影片制作/编辑/刻盘实战从入门到精通》(人民邮电出版社出版，大家可以根据需要去学，很快就能学会添加字幕、背景音乐等特效。

6.3.2 上传分享，宣传推广精彩视频

渲染输出后短视频已经保存在相应的文件夹中或者是桌面上了，这时候要开始进行短视频的分享操作，下面详细介绍相关步骤。

步骤01 进入今日头条的官网主页，如图6-41所示，单击页面上方的"发布视频"按钮。

图6-41 今日头条的主页

步骤02 ❶接着在如图6-42所示的页面中输入相应的主题，❷单击"添加视频"按钮，❸接着单击页面弹出的视频添加图标 + 。

第 **6** 章 今日头条,《手机摄影高手真经》明特色

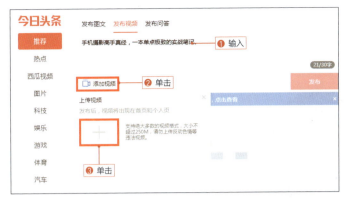

图6-42 添加视频

步骤 03 接着自己定义封面,短视频便会直接出现在今日头条的首页和个人页中,图6-43所示为视频上传成功后的页面。

图6-43 视频分享页面

165

第 7 章

淘宝平台，《手腕爱恋》绽放手腕光芒

随着客户需求的变化和新媒体的发展，淘宝、天猫、微店等电商平台都推出了短视频的营销形式，即在页面中插入关于商品介绍的视频，让用户可以更直观地认识到商品的外观、用法与各种细节问题，给用户带来最直观的产品演示，同时也让店铺和产品在未来有更好的发展。

7.1 前期拍摄，准备充分胸有成竹

短视频是新媒体常用的一种营销推广形式，尤其是对于淘宝、天猫、京东等电商平台来说，短视频广告不但可以更好地展现产品、促进销售，而且还可以被分享到朋友圈、今日头条、优酷等平台上，为店铺或商品引流。

那么，在具体的淘宝短视频的拍摄中需要注意到哪些问题呢？如何做好前期准备工作，打造出受人喜爱的淘宝短视频效果呢？

7.1.1 拍前准备，硬件软件缺一不可

在拍摄淘宝商品的过程中，有3条比较重要的法则，即用三脚架、注意曝光及进行抠像处理。这3条法则的目的其实就是拍出比较清晰、美观的图片，为后期处理打好基础，留下余地。为了向买家呈现出商品的最佳状态，一般淘宝商品的照片、视频都是需要进行后期处理的。进行处理之前，拍摄的准备工作显得至关重要。

拍摄时要注意选景，重点是拍摄商品的特征，例如笔者将要介绍的手链拍摄就选择展示了宝贝的整体效果和特色细节。

本次拍摄用到的设备是如图7-1所示的vivoX20，它的特色在于内存大、摄像头像素高，具体表现在具有智能双摄+2 400万感光单位，4GB+64 GB的内存，后置F2.4+F1.8、前置F2.0的光圈等方面。

图7-1 vivoX20

> **专家指点**
>
> 主题的策划也是准备工作的一部分，这次拍摄的短视频主题为"手腕爱恋"，一方面暗示了拍摄的对象，另一方面也表现出手链适合送礼的特质。

后期对于视频的处理用到的软件是会声会影，它的强大功能在前面的章节中已经提到过，具体的功能和操作步骤在后面的章节中会讲到，处理后的短视频画面效果如图7-2所示。

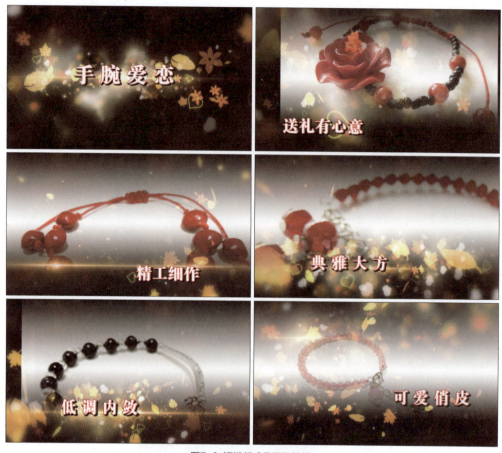

图7-2 短视频成品画面效果

7.1.2 具体拍法，细枝末节都应重视

在拍摄短视频的具体过程中，是不是拿到主题内容，看到拍摄对象就直接开拍呢？当然不是，拍摄短视频需要严谨的构思和细致的构图，有了这些才能拍出较高的水准。以手链短视频为例，视频画面就采用了好几种不同的构图方法，主要的构图方法笔者在前面的章节中已经阐述过了，但是具体怎么用还没有详细讲过，在接下来的内容中将会讲到。

专家指点

短视频的拍摄是一个富有逻辑性的过程，从设备工具的准备、主题内容的策划、画面构图的考虑到实际的拍摄、后期的处理，都需要创作者具有创新、细致及大胆等特质，如此才能顺利制作出高质量的短视频。

首先来看图7-3所示的短视频画面，它采用的是俯视、特写及圆形构图，俯视构图能够比较全面地展示出手链的整体面貌，让观看者能够想象到自己佩戴它的效果。

图7-3 圆形构图的视频画面

特写构图采用的是近距离拍摄的方式,目的是突出手链的工艺细节,如精心雕琢的花朵配饰、圆润光滑的玉珠等。圆形构图则是通过圆形传递一种整体感,从而提升观看者的视觉体验。

再来看图7-4所示的视频画面,这运用的是浅景深构图的拍法,框内是虚化的部分,框外则是实拍的部分,目的是突出某一部分的细节特征,放大优点,吸引观看者的注意力,使他们产生兴趣。

图7-4 浅景深构图的视频画面

构图不仅是拍摄照片时需要注意的重点,也是拍摄视频必不可少的要点,只有找好拍摄的角度,运用正确的构图的方法,将短视频拍得更好,吸引人们的注意力。

7.2 后期制作,精心孕育大有可为

拍摄好短视频后,并不代表着大功告成,因为初步的作品是无法直接呈现给观看者欣赏的。如果想要赢得观看者的赞赏,还应该对其进行细致的后期处理。随着广大受众审美水平

的不断提升,后期处理已经成为短视频制作中一个必不可少的环节,它的重要性是不言而喻的。

特别是对于在淘宝等电商平台上展示的短视频而言,美观性尤为重要。为了吸引顾客购买商品,短视频的效果要足够精彩,否则会达不到预期的销售效果。本节将以手链短视频为例,具体介绍在会声会影中处理短视频的过程。

7.2.1 导入视频,丰富素材打好基础

传统的静态图片已经无法满足人们的需求,新媒体短视频营销终将是产品展示的趋势。通过将素材做成短视频这种热门的新媒体广告形式,可以更好地刺激消费者的视觉与听觉,带来非同一般的营销效果,从而促进商品的销售。下面向读者介绍导入电商媒体素材的操作方法。

步骤 01 进入会声会影的工作界面,在"媒体"素材库中新建一个名称为"文件夹"的文件夹,在右侧的空白位置单击鼠标右键,弹出快捷菜单,选择"插入媒体文件"选项,如图7-5所示。

步骤 02 弹出"浏览媒体文件"对话框,在其中选择需要插入的手链媒体素材文件,单击"打开"按钮,即可将素材导入到"文件夹"中,如图7-6所示。

图7-5 选择"插入媒体文件"选项

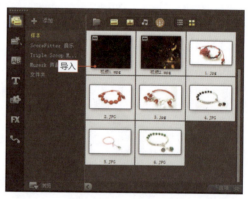
图7-6 导入到"文件夹"中

专家指点

素材的导入方式比较多样,除了直接选择插入媒体文件,还可以通过在菜单栏中单击"文件"|"将媒体文件插入到素材库"|"插入视频"命令插入素材,大家可以根据自己的喜好进行操作。

7.2.2 背景画面,作为配角陪衬主体

将手链素材导入到"媒体"素材库的"文件夹"中后,接下来用户可以将视频文件添加至视频轨中,制作手链背景视频画面效果。好的画面效果能营造整体氛围,带给观看者美的视觉享受。

步骤 01 在"文件夹"中依次选择"视频1.mpg"和"视频2.mpg"视频素材,单击鼠标左键并将其拖曳至故事板中,如图7-7所示。

步骤 02 单击如图7-8所示的转场图标 ,选择合适的转场效果。

图7-7 添加视频素材

图7-8 单击"转场"图标

步骤03 进入转场效果的展示界面，如图7-9所示，单击需要的"淡化到黑色"转场效果。

步骤04 切换至时间轴视图，在"视频2.mpg"素材的最后位置添加"淡化到黑色"转场效果，如图7-10所示。

图7-9 选择"淡化到黑色"转场效果

图7-10 添加转场效果到时间轴中

步骤05 在导览面板中，单击"播放"按钮，预览制作的电商视频画面背景效果，如图7-11所示。

图7-11 预览电商视频画面背景效果

7.2.3 画中画，朦胧效果增强画面感

在会声会影X10中，用户可以通过覆叠轨道制作手链视频的画中画特效。添加画中画特

效的好处有两点，一是丰富短视频的画面效果，二是突出表现商品的特征。下面介绍制作手链视频画中画效果的操作方法。

步骤 01 将时间轴滑块移至00:00:07:24的位置，在覆叠轨中添加"1.jpg"素材，并设置覆叠素材的区间为00:00:04:00，如图7-12所示。在预览窗口中调整覆叠素材的位置和大小，如图7-13所示。

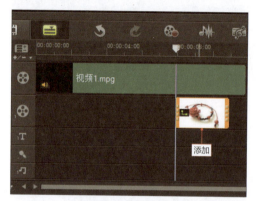

图7-12 添加素材

图7-13 调整素材位置和大小

专家指点

需要注意的是，在预览窗口中调整素材的大小时，可以单击素材，再单击右键，单击"保持宽高比"，这样素材就不会变形；调整位置时可以单击右键，单击"停靠在中央"|"居中"即可。

步骤 02 在"编辑"选项面板中选中"应用摇动和缩放"复选框，在下方的下拉列表中选择第1排第1个摇动样式，如图7-14所示。然后在"属性"选项面板中单击"淡入动画效果"按钮，设置覆叠素材的淡入动画效果，然后为覆叠素材设置相应的遮罩帧样式，如图7-15所示。

图7-14 应用摇动和缩放

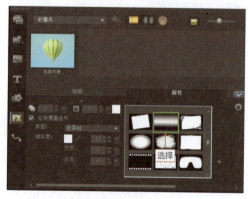

图7-15 设置相应的遮罩帧样式

步骤 03 将时间轴滑块移至00:00:11:25的位置，将"2.jpg"~"6.jpg"素材依次添加至覆叠轨中，在预览窗口中调整覆叠素材的大小，用同样的方法为素材添加摇动和缩放效果及遮罩帧样式，单击导览面板中的"播放"按钮，即可在预览窗口中预览制作的视频画中画特效，如图7-16所示。

图7-16 预览制作的视频画中画特效

专家指点

如今,淘宝、天猫发生了翻天覆地的变化,特别是移动端的淘宝大范围地增加了各种内容,如"微淘""淘宝头条""有好货""爱逛街""必买清单""买遍全球""海淘笔记"等,这些模块的打造实际上就是在向所有商家大声宣布:淘宝的媒体内容化时代已经到来!

以阿里、京东为带头者,电商已全面步入内容化时代。各种内容的打造运用了丰富的表现形式,如图片、文字、动图及短视频等,总之,内容的创意越来越受到重视,单一的流量打法基本已经难以跟上时代的步伐和消费者的需求。

其实,除了阿里、京东等电商巨头表现出对内容的重视之外,唯品会、网易考拉海购等电商也逐渐向内容化靠拢,每个平台都在暗自发力,不断丰富自己的内容表现形式,如直播、短视频等。这些方式都有力地推动了商品的销售,为平台吸引了更多的流量,制造了更多的机会。

7.2.4 片头字幕,第一印象至关重要

为手链视频的片头添加字幕动画效果可以使视频主题明确,传达用户需要的信息。下面介绍在会声会影X10中制作手链片头字幕特效的操作方法。

步骤01 将时间轴滑块移至00:00:01:20位置,在预览窗口中输入"手腕爱恋",如图7-17所示。接着在"编辑"选项面板中设置字幕"区间"为00:00:01:00,并设置文本的字体属性,如图7-18所示。

 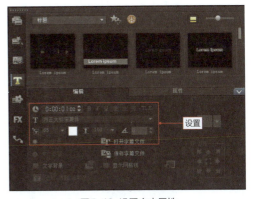

图7-17 预览效果　　　　　　　　　　图7-18 设置文本属性

步骤02 单击"边框/阴影/透明度"按钮,在弹出的对话框中选中"外部边界"复选框,设置"边框宽度"为4.0,"线条色彩"为红色,如图7-19所示。切换至"阴影"选项卡,单击"突起阴

影"按钮,设置"X"为5.0,"Y"为5.0,"突起阴影色彩"为黑色,如图7-20所示。

图7-19 边框属性的设置

图7-20 阴影属性的设置

步骤03 设置完成后,单击"确定"按钮,切换至"属性"选项面板,选中"动画"单选按钮和"应用"复选框,设置"选取动画类型"为"下降",在下方选择第1排第2个淡化样式,如图7-21所示。

步骤04 将制作的标题字幕复制到右侧合适位置,并设置字幕区间为00:00:04:20,如图7-22所示。

图7-21 设置动画类型

图7-22 复制标题字幕

步骤05 在"属性"选项面板中取消选中"应用"复选框,取消字幕动画效果,如图7-23所示。在预览窗口中可以查看制作的视频片头字幕的效果,如图7-24所示。

图7-23 取消选中"应用"复选框

图7-24 视频片头字幕预览效果

7.2.5 字幕动画，跳跃文字广泛吸睛

在会声会影X10中为婚纱视频制作主体画面字幕动画效果可以丰富视频画面的内容，增强视频画面感。下面介绍制作视频主体画面字幕特效的操作方法。

步骤 01 在标题轨中，将7.2.4节制作的标题字幕文件复制到标题轨的右侧，如图7-25所示，将字幕内容更改为"送礼有心意"，如图7-26所示。

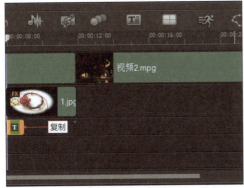
图7-25 复制标题字幕文件

图7-26 更改字幕内容

步骤 02 在"编辑"选项面板中设置"字体"为方正大标宋简体，"字体大小"为50，"色彩"为白色，单击"粗体"按钮，并设置字幕的区间为00:00:01:00，如图7-27所示。然后再单击"边框/阴影/透明度"按钮，在弹出的对话框中设置"边框宽度"为5.0，"线条色彩"为红色，接着在预览窗口中对字幕的位置进行相应的调整，如图7-28所示。

图7-27 设置字幕参数

图7-28 调整字幕位置

步骤 03 用同样的方法，在标题轨中对字幕文件进行多次复制操作，然后更改字幕的文本内容和区间长度，在预览窗口中调整字幕的摆放位置，制作完成后，单击"播放"按钮，预览字幕动画效果，如图7-29所示。

图7-29 预览字幕动画效果

7.2.6 背景音效，声声动人融入场景

在会声会影X10中为影片添加音频文件，在音频文件上应用淡入淡出效果可以增强影片的吸引力。背景音效是打造听觉盛宴的必备条件，下面介绍制作手链视频的背景音乐特效的操作方法。

步骤01 选择媒体库中的"音乐.mp3"音频文件，如图7-30所示，将时间轴滑块移至视频的开始位置，在"媒体"素材库中将"音乐.mp3"音频文件拖曳至音乐轨中的开始位置，如图7-31所示。

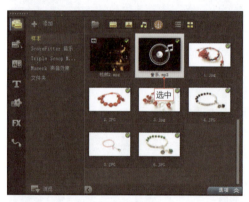

图7-30 选择背景音乐　　　　　　　　　图7-31 将背景音乐拖曳至音乐轨始端

步骤02 设置音频"区间"为00:00:59:13，如图7-32所示，打开"音乐和声音"选项面板，单击"淡入"和"淡出"按钮，如图7-33所示，设置音频淡入淡出特效，单击导览面板中的"播放"按钮，预览视频效果并试听音频效果。

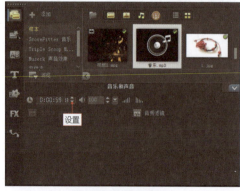

图7-32 设置音频区间　　　　　　　　　图7-33 设置音频淡入淡出特效

7.3 发布分享,曝光效果扩大影响

利用会声会影打造短视频还是比较简单的,具体过程一目了然,就算是新手也能够轻松掌握。打造成功后,接下来的任务就是导出视频,在平台上进行宣传和推广。

7.3.1 导出保存,画质清晰才是重点

短视频的保存虽然看上去很简单,或者说好像没有步骤可言,但实际上它也有许多不可忽视的小细节,如标题、封面、画质等。下面详细介绍短视频的保存过程。

步骤 01 切换至"共享"步骤面板,在其中选择"MPEG-2"选项,在"配置文件"右侧的下拉列表中选择第2个选项,如图7-34所示。

步骤 02 在下方面板中,设置"文件名"和"文件位置",设置完成后,单击"开始"按钮,如图7-35所示,即可开始渲染输出视频文件。

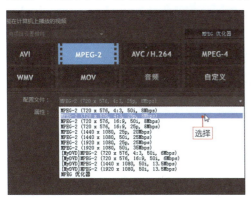

图7-34 选择第2个选项

图7-35 单击"开始"按钮

7.3.2 上传分享,一丝不苟步步为营

由于是以淘宝等电商平台为发布平台,因此笔者专门把短视频导出至本地,以便更加便捷地上传和分享。

当然,值得注意的是,在淘宝平台上发布短视频相对而言会比较麻烦,限制也比较多,但这对于淘宝店家来说是不可缺少的一个环节,同时也是所有电商需要考虑的问题。本节将详细介绍在淘宝平台上发布短视频的方法。

步骤 01 进入如图7-36所示的淘宝官网,单击页面右上方的"登录"按钮。

图7-36 淘宝网首页

步骤 02 执行上述操作后，会进入如图7-37所示的登录页面，通过扫二维码的方式登录账号即可。

> **专家指点**
>
> 除了通过扫二维码的方式登录，还可以通过输入账号密码登录，如果没有携带手机，这种登录方式也不失为一种好的补充。

图7-37 淘宝的登录页面

步骤 03 执行上述操作后会再次进入如图7-38所示的淘宝首页，只是这时候已经登录了账号，可以进行相关的操作了。单击页面右上角的"卖家中心"按钮，即可进入淘宝卖家的专属页面。

图7-38 单击"卖家中心"

步骤 04 图7-39所示为淘宝的"卖家中心"页面，注意页面左边的列表，单击"自运营中心"类目下的"商家短视频"按钮。

图7-39 淘宝的"卖家中心"

> **专家指点**
>
> "自运营中心"是专门为商家打造的模块，不仅包含了商家短视频，而且还包括了"淘宝直播""微淘内容管理"及"淘宝群"等内容，提供这些功能的目的都是帮助商家引流吸粉、持续赢利，同时这也是多渠道经营方式的体现。
>
> 由此可见，电商行业已经不仅仅局限于图文的变现，也在通过短视频、直播等更加直观的方式来进行营销。这样不仅拓展了营销方式，而且还有助于利润的提升。

步骤05 执行上述操作后，会跳转到如图7-40所示的"旺铺-素材中心"页面，单击"PC视频"下的"全部文件"按钮。

图7-40 旺铺-素材中心页面

步骤06 执行上述操作后，页面就会变成如图7-41所示的那样，单击页面右上角的"上传"按钮即可进行短视频的上传。

图7-41 单击"上传"

专家指点

"旺铺-素材中心"是专门为商家提供素材的，同时也是存储各种素材的好地方，不止有短视频，还有图片、动图、全景图及3D图等。当然，不是所有的商家都能够上传诸如全景图、3D图之类的素材，需要联系平台方开放后才能使用。

步骤07 执行上述操作后会跳出如图7-42所示的页面，也就是视频的上传页面，这是上传到电脑端的，支持上传的视频格式覆盖范围比较广泛，包括MP4、MOV、AVI、WMV及MKV等，单击"上传"按钮即可。

图7-42 视频上传页面

步骤08 在文件夹中选中要上传的视频后，就会自动开始上传，页面如图7-43所示，会显示视频的名称、大小、分组及上传状态。

图7-43 上传过程图

专家指点

在视频上传的过程中，可以阅读文本框内部的《上传服务协议》，因为在淘宝平台上上传短视频需要符合相应的条件，如果不符合，就很难通过审核。因此，在上传的时候仔细阅读相关的规则是很有必要的。

步骤09 视频上传成功后，会自动弹出如图7-44所示的封面图选择界面，在排列整齐的图片之中，❶单击比较能够代表商品主题的图片作为封面图，❷然后再单击"确认"按钮即可完成短视频的上传。

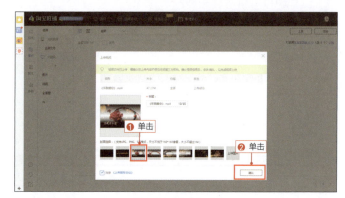

图7-44 设置封面图

步骤10 接着就会看到短视频展示在如图7-45所示的页面中，这时只是进入了平台的审核，但还不能作为素材传到商品页中，只有通过了平台审核才能作为素材。

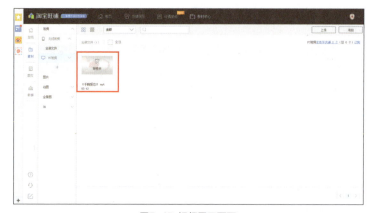

图7-45 视频展示页面

第 **7** 章 淘宝平台，《手腕爱恋》绽放手腕光芒

专家指点

视频的审核一般需要比较长的时间，不会上传了马上就通过，因此如果要想将短视频发布至宝贝页面中，就要耐心地等待。

步骤 11 进入发布宝贝的页面，也就是宝贝详情的编辑页，单击"主图视频"按钮，进入"视频中心"，确认已经上传的视频通过审核后即可上传视频至宝贝页面中。图7-46所示为短视频上传至宝贝页面中的效果，也就是我们购物时常常看到的商品展示视频。

图7-46 短视频展示页面

当消费者进入商品展示页面时，短视频就会自动播放，展示出商品的不同特色，图7-47所示为不同类型的商品的展示画面。这样一来，通过短视频展示商品的好处就体现得淋漓尽致了，即全方位、多角度地表现商品的特点，同时又更加直观，让观看者更容易产生购买商品的欲望。

图7-47 短视频展示商品的不同特色

第 **8** 章

手机微商,《完美肌肤,自由畅享》彰新意

短视频的发展不仅丰富了新媒体的表现形式,而且还给微商带来了新的营销方式,通过朋友圈开展营销的商家们或多或少都会用到短视频。使用它主要由2个好处:一是直观,二是更容易令购买者信服。那么,微商的产品视频应该怎么制作呢?本章将详细介绍具体的方法和技巧。

8.1 前期拍摄，准备有序井井有条

短视频的发展之迅猛令很多人都难以想象，不仅新媒体平台以短视频呈现的内容比比皆是，朋友圈等社交平台上的短视频也是随处可见。这些短视频有的是展示人们的生活点滴，有的则是对产品进行宣传，通过短视频宣传产品是微商营销的一种有力手段，那么，这样的短视频又应该怎么打造呢？无论是拍摄什么类型的短视频，都要先做好准备工作，本节将以护肤品短视频为例，讲述如何做好制作短视频的准备工作。

8.1.1 拍前准备，事无巨细安排妥当

以拍摄护肤品的短视频为例，在拍摄之前，要把需要用到的工具列成清单，如拍摄的设备——手机，拍摄的辅助工具——手机支架，后期处理的App——VUE等。

这里简单介绍下笔者用到的拍摄设备——iPhone X手机，如图8-1所示，它拥有2个1200万像素的具有光学图像防抖功能的后置镜头，使得手机即使在弱光下也能拍出效果出众的照片和视频。除此之外，iPhone X相对于以往的iPhone还增加了滤镜颜色，丰富了表现功能。

图8-1 iPhone X手机

对于手机支架，前面的章节已经提到过，此处就不再赘述。后期处理用到的App是VUE，VUE App的主要功能及如图8-2所示。

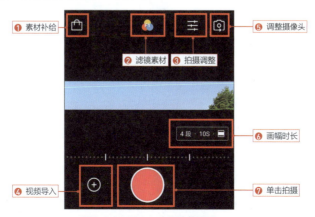

图8-2 VUE App主要功能界面

❶素材补给：为用户提供更多视频编辑素材。
❷滤镜素材：调整视频滤镜。
❸拍摄调整：调整视频镜头速度快慢及是否美颜等。
❹视频导入：将手机中的其他视频导入到VUE App中进行编辑。
❺调整摄像头：主要用于将摄像头调整为前置摄像头或后置摄像头。
❻画幅时长：VUE App为用户提供了多种个性化视频拍摄方式，例如对于分段拍摄，VUE App一共有7种分段模式供用户选择，分别是1段、2段、3段、4段、5段、6段和自由。用户可以根据自己的喜好选用。

　　用户还可以自由选择视频时长，视频时长有10s、15s、30s、45s、60s、120s及180s，用户可以根据自己的习惯或拍摄的主题来确定视频时长。此外，软件还拥有更富有冲击力的竖画幅、横画幅，更有圆形画幅、宽画幅、超宽画幅、正方形画幅等多种画幅可供拍摄者选择。

❼点击拍摄：点击即可进行短视频的拍摄。

　　除了拍摄视频，VUE App还拥有强大的视频后期编辑功能，如多镜头剪辑、动画贴纸，调节视频对比度、饱和度、暗角、锐度，为视频添加文字等，更有数码变焦及分镜编辑的功能，可以让手机视频更有趣味性。此外，VUE App的美颜功能让爱美的人展现更多动态的美。

　　除了硬件设备和后期软件之外，还要考虑短视频主题的策划，因为笔者拍摄的是关于护肤品的广告，因此本次的主题为"完美肌肤，自由畅享"，简单直接的标题让观看者对销售的商品种类一目了然。

　　在确定了主题之后，就可以通过手机按照要求拍摄相应的视频，拍摄出来之后通过VUE App来进行后期处理，效果画面如图8-3所示。

图8-3 视频成品画面效果

8.1.2 具体拍法，构图角度谨慎考虑

在拍摄短视频的过程中，不要拿到对象和设备就开始拍，怎么拍十分重要，要考虑构图、角度、光线等。

首先来看如图8-4所示的画面构图，由于护肤品的质地是消费者比较注重的细节，因此在拍摄的时候要全面展示出产品细节，俯拍构图不仅可以体现出画面的透视感，同时还使得画面更富纵深感、层次感。

除此之外，笔者拍摄护肤品短视频时还运用到了浅景深构图，也就是虚实对比，如图8-5所示，浅景深构图的视频画面给人一种主体突出、背景暗淡的感觉，能够有效吸引观看者的注意力。

图8-4 俯视构图的视频画面

图8-5 浅景深构图的视频画面

总而言之，在拍摄短视频时最好运用多种构图，展示出产品的细节，这样才更容易激发观看者的购买欲望。因此，不管是构图还是角度，都值得注意。

8.2 后期处理，认真细致大放光彩

短视频拍摄完成后，就要对其进行后期处理了，后期处理需要用到特定的App，同时还要进行字幕、背景音乐、滤镜等效果处理，总的来说是比较繁杂的工程，但一步一步循序渐进，还是很好操作的，具体步骤本节将详细阐述。

8.2.1 导入视频，片头正片缺一不可

在VUE App中，导入短视频是比较简单的步骤，而片头的加入则是其中浓墨重彩的一笔，下面详细介绍导入短视频和添加片头镜头的步骤。

步骤01 进VUE App，看到如图8-6所示的界面，❶点击图标◉，随后跳转到如图8-7所示的视频添加界面，❷点击需要添加的片头视频。

图8-6 VUE App界面　　　　　图8-7 视频添加界面

步骤 02 执行上述操作后，界面如图8-8所示，❶点击图标 ⊙ 界面如图8-9所示，❷接着再次点击图标 ⊙ 。

图8-8 添加片头素材　　　　　图8-9 已经添加了素材的界面

步骤 03 执行上述操作后，页面会直接跳转到视频选择界面，点击要添加的视频即可。

8.2.2 画面调节，视觉效果惊艳众人

画面调节实际上就是对视频画面的亮度、饱和度、锐度及暗角等进行调整，以达到更加舒适的视觉效果，特别是对于那些拍摄的时候没有打好光线的视频而言，这些因素的调节至

186

第 **8** 章 手机微商，《完美肌肤，自由畅享》彰新意

关重要，下面将介绍如何在VUE App中调节短视频的画面。

步骤01 接着8.2.1节继续编辑视频，可以看到如图8-10所示的界面上方有4个图标，❶点击图标 ，接着会弹出如图8-11所示的画面调节的各种参数，❷根据要求上下滑动来进行调节。

图8-10 点击画面调节图标　　　图8-11 根据要求调节参数

步骤02 图8-12所示为需要调节亮度的画面，它明显要比实物暗一些，调节的方式是上下滑动滑块。❶如果想让画面更亮一些，就将滑块向上滑动，画面效果如图8-13所示，❷确认效果后点击"确定"按钮即可。

 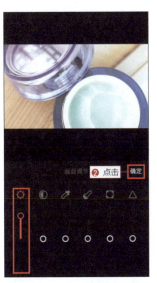

图8-12 调节亮度　　　图8-13 点击"确定"按钮

8.2.3 字幕特效，商品特性一目了然

　　VUE App的后期处理功能是一体化的，因此滤镜、字幕及变焦、转场等效果的添加都是一气呵成的。本节以一个场景为例，主要介绍字幕的添加步骤。

步骤 01 图8-14所示为已经进行过画面调节的护肤品短视频，❶点击界面上方的图标▥，接着会弹出如图8-15所示的分段编辑界面，❷点击其中的"字幕"按钮。

图8-14 点击"分段编辑"图标　　图8-15 "分段编辑"界面

步骤 02 执行上述操作后，会进入字幕编辑界面，如图8-16所示。❶在空白处输入与视频相关的内容，如图8-17所示；如果想更换字体，❷点击图标 ❀ 。

图8-16 字幕编辑界面　　　　图8-17 点击字体图标

第 **8** 章 手机微商，《完美肌肤，自由畅享》彰新意

步骤 03 执行上述操作后，会弹出如图8-18所示的不同字体选项以供选择，❶选择合适的字体，❷然后点击图标 ▭ ，❸选择合适的字幕位置，如图8-19所示，❹接着点击图标 ✓ 即可完成字幕的添加。

图8-18 字体的选择　　　图8-19 选择字幕位置

步骤 04 执行上述操作后跳转到如图8-20所示的界面，可以看到字幕已经展示在视频画面之中，❶左右滑动界面下方的按钮，可以看到如图8-21所示的界面，❷点击"重拍"按钮可重新拍摄短视频。

图8-20 左右滑动按钮　　　图8-21 点击"重拍"按钮

8.2.4 滤镜添加，助力产品散发魅力

无论是照片还是视频，都离不开滤镜。滤镜的作用是为观看者带来愉悦的观看体验，同

时让视频中的产品看起来更具吸引力。在VUE App中，添加滤镜的步骤也比较简单，下面详细介绍为短视频添加滤镜的具体步骤。

步骤01 图8-22所示为护肤品广告的第二个片段的画面，❶点击"滤镜"按钮，跳转到如图8-23所示的滤镜选择界面，❷根据要求点击合适的滤镜，如"F2"，一般默认的透明度是100%，❸可以左右滑动滑块来调节。

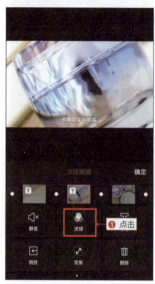 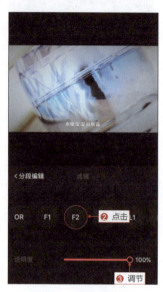

图8-22 点击"滤镜"按钮　　　　图8-23 选择滤镜类型

步骤02 执行上述操作后，画面效果如图8-24所示。点击"分段编辑"按钮，即可看到如图8-25所示的效果界面。

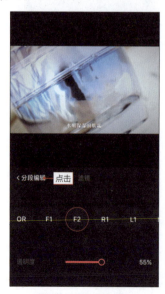 

图8-24 添加滤镜界面　　　　图8-25 滤镜效果界面

8.2.5 变焦转场，吸引观众目不转睛

变焦，实际上就是增加更多的像素，让主体看起来更加清晰，这也是视频画面处理的重要环节。而转场则是为了加强视觉惊艳效果。本节将讲述这两种后期处理的具体步骤。

步骤01 图8-26所示为短视频的第三个片段，❶点击"变焦"按钮，随即进入选择变焦方式的界面，如图8-27所示。❷接着点击"推近"按钮，❸再点击"分段编辑"按钮。

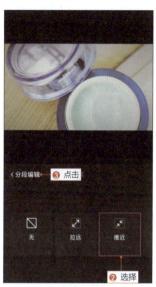

图8-26 点击"变焦"按钮　　　　图8-27 选择变焦方式界面

步骤02 实际上还有更多的变焦方式，如图8-28所示，左右滑动即可看到。再回到分段编辑的界面，如图8-29所示，❶点击片段之间的图标█，就会弹出转场效果选项，❷左右滑动，点击合适的效果并应用到视频之中。

图8-28 更多变焦方式　　　　图8-29 转场效果编辑界面

步骤03 在转场效果编辑界面中，❶选择合适的转场效果，如"闪白"，如图8-30所示，❷再点击"中"转场速度。画面效果如图8-31所示，❸点击"确定"按钮即可完成这一片段的转场效果的编辑。

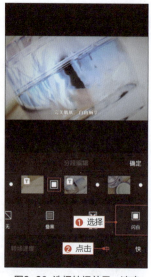

图8-30 选择转场效果、速度　　图8-31 点击"确定"按钮

8.2.6　背景音乐，轻而易举丰富听效

背景音乐是短视频的点睛之笔，同时也是丰富受众视听效果的好工具。下面详细介绍给护肤品短视频添加背景音乐的过程。

步骤01 图8-32所示为短视频的编辑界面，❶点击界面上方的图标，会进入如图8-33所示的音乐添加界面，❷点击"欢快"类型的音乐。

图8-32 点击"音乐"图标　　　图8-33 音乐添加界面

步骤02 执行上述操作后，会进入如图8-34所示的具体的音乐选择界面，❶选择音乐类型，会跳转到如图8-35所示的界面，❷再点击"确定"按钮即可完成背景音乐的添加。

图8-34 选择具体的音乐　　　　图8-35 点击"确定"按钮

8.2.7 动画贴纸，适当添加趣味横生

添加动画贴纸是为了增添短视频的趣味性，同时也是吸引观看者注意力的好办法。根据内容适当添加是可行之道。下面详细介绍动画贴纸的添加步骤。

步骤01 接着8.2.6节的步骤继续处理短视频，图8-36所示为短视频的编辑界面，❶点击图标，进入如图8-37所示的动画贴纸添加界面，❷点击合适的动画贴纸主题。

图8-36 点击"动画贴纸"图标　　　图8-37 动画贴纸添加界面

步骤02 执行上述操作后，会出现如图8-38所示的主题贴纸，❶点击合适的贴纸，如 ，❷接着点击贴纸出现的时间——"开头"，即可完成动画贴纸的添加，如图8-39所示。

图8-38 选择合适的贴纸

图8-39 选择动画贴纸出现的时间

8.3 发布分享，一鼓作气针对推广

完成护肤品短视频的后期处理之后，就要将其发布分享了，这是宣传的重要环节，也是提升曝光度的方式之一。本节将详细介绍制作好的短视频如何保存、上传和分享。

步骤01 制作完成的短视频界面如图8-40所示，确认之后点击界面下方的图标🔴，界面如图8-41所示。

图8-40 短视频编辑界面

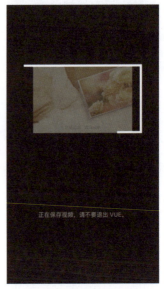
图8-41 短视频的保存界面

第 **8** 章　手机微商，《完美肌肤，自由畅享》彰新意

步骤 02　执行上述操作后，会看到如图8-42所示的界面，❶点击图标 ◉，会弹出如图8-43所示的信息，❷点击"打开"按钮即可。

图8-42 短视频分享界面　　图8-43 点击"打开"按钮

步骤 03　执行上述操作后，界面如图8-44所示，❶点击"发现"按钮，进入如图8-45所示的朋友圈页面，❷点击界面右上角的图标 ◉。

图8-44 微信主界面　　图8-45 朋友圈界面

步骤 04　执行上述操作后，会弹出如图8-46所示的选项，❶点击"从手机相册选择"，进入素材的选择界面，如图8-47所示，❷接着点击要发布的短视频，进入短视频的预览界面。

图8-46 点击"从手机相册选择"选项　　图8-47 选择要发布的短视频

195

步骤 05 图8-48所示为护肤品短视频的预览界面，❶确认无误后点击"完成"按钮，紧接着进入如图8-49所示的界面，❷在空白处输入相应的文案说明。

图8-48 短视频效果预览界面　　图8-49 输入相关文案

专家指点

在分享短视频的时候，除了可以添加相应的文案说明以吸引观看者的注意，还可以利用"提醒"这一功能，有目的性地提醒朋友圈中的用户观看，以有效提升短视频的曝光率。

步骤 06 执行上述操作后，界面如图8-50所示，❶点击界面右上角的"发表"按钮即可完成分享。这时，短视频在朋友圈中的展示效果如图8-51所示，❷点击图标 ▶ 即可观看短视频的内容。

图8-50 点击"发表"按钮　　图8-51 动态展示界面

专家指点

短视频这一展示商品的方式不仅微商可用，而且经营小程序、微信公众号的人群也可以使用。随着短视频的逐渐火热，很多微信公众号也开始通过短视频来传递内容。有的电商则利用这一趋势将短视频、小程序与营销结合起来，从而有效地提升了产品的销售量。

第 **9** 章

变现秘诀，15种方法任你选择

短视频的拍摄及后期处理是短视频营销和变现的前期准备工作。当你手中拥有了优质的短视频，你该如何进行变现和赢利呢？有哪些方式是可以借鉴和使用的呢？本章将展示15种短视频变现的方法，帮助大家通过短视频轻松赢利。

9.1 电商变现，垂直细分打造赢利堡垒

"电商+短视频"属于细分垂直内容，同时也是短视频变现的有效模式。不仅有很多短视频平台与电商达成合作，为电商引流，如美拍，而且还有一些短视频平台拓展了电商业务，如"一条"，这些都是"短视频+电商"的成果。

那么，这样的变现模式到底是怎么运作的呢？本节将专门从"短视频+电商"的角度详细介绍短视频的这一垂直细分的变现秘诀。

9.1.1 自营电商，一体化营销赢得收益

电商与短视频的结合有利于吸引庞大的流量。一方面短视频适合碎片化的信息接受方式，另一方面短视频展示商品更加直观、动感，更有说服力。如果短视频的内容能够与商品很好地融合，无论是商品的卖家还是自媒体人，都能获得较多的人气和支持。

著名的自媒体平台"一条"是从短视频起家的，后来它走上了"电商+短视频"的变现道路，赢利颇丰。图9-1所示为"一条"的微信公众号，其推送的内容包罗万象，不仅有短视频，而且还有对自营商品的巧妙推荐。

图9-1 "一条"的微信公众号

> **专家指点**
>
> "一条"推送的短视频一般都是把内容与品牌信息结合在一起，是软性的广告植入，不会太生硬，而且能够有效地传递品牌的理念，增强用户的信任感和依赖感。这也是短视频变现的一种有效方式。

"一条"不仅把商品信息嵌入短视频内容之中，而且还设置了"生活馆"和"一条好物"两大板块，专门售卖自己经营的商品。图9-2所示为"一条"的自营商品界面及推广的品牌。

第 **9** 章　变现秘诀，15种方法任你选择

图9-2　"一条"的自营商品和推广品牌

除了在微信公众平台推送自营商品的信息之外，"一条"还专门开发了以"生活美学"为主题的App。图9-3所示为"一条"的进入界面和主界面。

图9-3　"一条"电商App

再如京东商城，它是中国最大的自营式电商企业，其在线购物App也推出了短视频的内容，如图9-4所示。在"发现"界面中有一个"视频"专栏，其中通常都是5分钟以内的短视频，而且都是围绕京东的自营商品打造的。

这种形式为京东商城增添了更多的魅力和特色，用户可以通过更为直观的方式接触自己想要购买的商品，从而产生购买的欲望，这大大促进了短视频的变现。

199

图9-4 京东的自营商品短视频

9.1.2　第三方店铺，直观化展示互利共赢

短视频的电商变现形式除了自营电商可以使用，第三方店铺也可以使用，例如典型的淘宝卖家，它们很多都是通过发布短视频的形式来赢得用户的注意和信任，从而促进销量的上涨。淘宝上的短视频展示有几种不同的形式，应分别利用其优势吸引眼球，成功变现。

首先来看第一种，即在店铺主界面中放置短视频。图9-5所示为淘宝店铺"馨帮帮"主界面中的短视频，在播放短视频的过程中会不时地跳出商品的链接，如果你感兴趣，就可以直接点击进入购买界面。

图9-5　"馨帮帮"店铺主界面中的短视频

第 **9** 章　变现秘诀，15种方法任你选择

短视频界面中展示的商品链接会随着视频的播放而不断变化，它与短视频的内容是相辅相成的，很好地实现了短视频的电商变现，形成"边看边买"的营销模式，如图9-6所示。

图9-6　点击短视频链接购买商品

第二种是在淘宝的微淘动态里用短视频的方式展示商品，如上新、打折、做活动等。图9-7所示为"大Sim小Sim小清新"店铺发布的微淘动态，用户不仅可以直接观看商品的细节，还可以点击"查看更多"按钮，也就是"上新速览"，在动态下方点赞、评论及分享，从而帮助店铺扩大影响力。

图9-7　微淘动态里的短视频

此外，用户还可以通过微淘动态中的短视频直接观看商品的展示，如图9-8所示，然后点击短视频界面中的"查看详情"按钮，进入商品的链接界面，查看商品的具体信息，如颜色、尺码等更多细节。

图9-8 查看短视频详情

第三种是淘宝主界面中的"猜你喜欢"板块会推荐短视频。图9-9所示为"瞌睡兔"的商品短视频，点击进入详情界面，可以对商品进行更为直观的观察和了解。同时，界面还会根据用户的喜好推荐类似的短视频，只要点击链接即可进行购买。

图9-9 "猜你喜欢"推荐的短视频

专家指点

第三方店铺的"短视频+电商"的变现方式利用了短视频直观化这一特点，尤其是美妆、服饰类的商品更适合用短视频的方式展示，有利于变现和赢利。而且，短视频平台为了变现，也在与电商合作，例如美拍推出的"边看边买"就是为淘宝引流，互利共赢。

9.2 第三方广告,高效引流达成变现目标

广告变现是短视频赢利的常用方法,也是比较高效的一种变现模式,而且短视频中的广告形式可以分为很多种,包括冠名商广告、浮窗Logo、植入式广告、贴片广告及品牌广告等。创意广告植入可以说是短视频制作人直接可见的变现手段,它有2个主要的特点:一是变现快,二是有新意。

当然,值得注意的是,并不是所有的短视频都能通过广告变现。短视频的质量水平参差不齐,极大地影响了变现的效果。那么,究竟怎样的短视频才能通过广告变现呢?笔者认为一是要拥有质量上乘的内容,二是要有一定的人气基础,如此才能实现广告变现的理想效果。本节将分析如何通过短视频进行广告变现。

9.2.1 冠名商广告,直截了当亮出品牌

冠名商广告,顾名思义,就是在节目内容中提到企业名称的广告。这种打广告的方式比较直接,相对而言较生硬。它主要的表现形式有3种,如图9-10所示。

```
                            ┌─ 片头标板:节目开始前出现"本节目由XX冠名播出"
                            │
  冠名商广告 ── 表现形式 ───┼─ 主持人口播:每次节目开始时说"欢迎大家来到XX"
                            │
                            └─ 片尾字幕鸣谢:出现企业名称、Logo、"特别鸣谢XX"
```

图9-10 冠名商广告的主要表现形式

在短视频中,冠名商广告同样也比较活跃,一方面企业可以通过资深的自媒体人(网红)发布的短视频打响品牌、树立形象,吸引更多的忠实客户,另一方面短视频平台和自媒体人(网红)可以从企业那里得到赞助,双方均成功实现变现。图9-11所示为美拍短视频平台的红人"大胃王密子君"发布的关于"黄老五"的短视频,画面中展示了黄老五的品牌标识。

图9-11 大胃王密子君的短视频中的冠名商广告

> **专家指点**
>
> 需要注意的是,冠名商广告在短视频领域的应用还不是很广泛,原因有两点:一是投入的资金比较大,因此企业在选择投放平台和节目的时候会比较慎重;二是很多有人气、有影响力的短视频自媒体人不愿意将冠名商广告放在片头,而是放在片尾,目的是不影响自己视频的品牌性。

在《万万没想到》节目中出现了少有的出现在片头的冠名商广告。图9-12、图9-13所示分别为咪咕影院App和咪咕阅读App的赞助广告,虽然它们十分直接地在片头展示,但它们的广告风格与短视频的内容比较接近,广告语为"错过了爱情跺脚哭,错过了电影还有咪咕"和"又新又全看好书,三生三世读咪咕"。

图9-12 咪咕影院App的广告　　　　图9-13 咪咕阅读App的广告

9.2.2 浮窗Logo,广告效果利弊兼具

浮窗Logo也是广告变现形式的一种,即在视频播放的过程中悬挂在视频画面角落里的标识。这种形式在电视节目中经常可以看到,但在短视频领域应用得比较少,可能是因为广告效果过于强烈,受到相关政策的限制。

以开设在爱奇艺视频平台上的旅行短片栏目《大旅行家的故事》为例,由于其短视频主人公查理是星途游轮的代言人,因此视频节目的右下角设置了浮窗Logo,文字与图标结合,但不影响整体视觉效果,如图9-14所示。

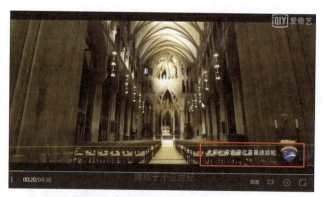

图9-14 《大旅行家的故事》的浮窗Logo

浮窗Logo是广告变现的一种巧妙形式,它同样也是兼具优缺点的。那么具体地说,它的优点和缺点分别是什么呢?笔者将其总结了一下,如图9-15所示。

| 优点 | 展现的时间长，而且不会过多地影响观众的视觉体验 |
| 缺点 | 一般放在画面的角落等不太显眼的地方，特别容易被用户忽视 |

图9-15 浮窗Logo的优点和缺点

专家指点

由此可见，浮窗Logo的优点也是它的缺点，具有两面性，但总的来说，它还是不失为一种有效的变现形式。自媒体人或者网红如果想要通过广告变现获得收益，不妨可以试试这一利弊兼具的模式。

9.2.3 广告植入，形式多样创意十足

广告植入就是把短视频的内容与广告结合起来。一般有两种方式：一种是硬性植入，将广告不加任何修饰地硬生生地植入短视频之中；另一种是创意植入，即将短视频的内容、情节很好地与广告的理念融合在一起，不露痕迹，让观众不容易察觉。

相比较而言，很多人认为第二种广告植入的方式效果更好，而且接受程度更高。但也有人认为只要想法好、产品质量好，就不需要那么多套路。不管是哪一种植入方式，目的都只有一个——变现。因此，只要达到了营销的理想效果，不管用什么植入方式都是一样的。从制作上来看，硬性植入和创意植入也有很多的不同，具体体现在如图9-16所示的方面。

| 硬性广告植入 | 更加直接简单，容易制作，花费的心血不用那么多，而且有创意的话，效果也很好 |
| 创意广告植入 | 需要经过长时间的深思熟虑，比如怎么构思情节、在哪个时间段植入广告比较自然等 |

图9-16 不同广告植入方式的制作要求

在短视频领域中，广告植入的方式除了可以从"硬广"和"软广"的角度划分，还可以分为台词植入、剧情植入、场景植入、道具植入、奖品提供及音效植入等植入方式。下面详细介绍这些方式是怎么运作的。

1. 台词植入，简单高效

台词植入是短视频的主人公通过念台词的方法直接传递品牌的信息、特征，让广告成为短视频内容的组成部分。图9-17所示为papi酱在短视频中通过台词植入《王者荣耀》和vivo手机的广告。

图9-17 papi酱的短视频中的台词植入式广告

这样的植入方式不仅直观展示了相关产品的优点、性能，而且还能够有效提升观众对品牌的认同感、好感度等。

2. 剧情植入，潜移默化

剧情植入就是将广告悄无声息地与剧情结合起来，例如演员收快递的时候，吃的零食、搬的东西及逛街买的衣服等，都可以植入广告。

图9-18所示为演员不经意地拿起手机，说要买福山雅治的同款外套，于是视频给手机屏幕一个特写，而屏幕上显示的就是与亚马逊App相关的信息。

图9-18 剧情植入

专家指点

剧情植入往往与台词植入的方式相结合，打造出来的广告植入方式更加具有说服力。而且值得一提的是，众多电视节目中的广告植入方式都是以这两种为主。

3. 场景植入，标志性强

场景植入是指在短视频画面中使用一些广告牌、剪贴画、标志性的物体来布置场景，从而吸引观众的注意。图9-19所示为自媒体红人大胃王密子君的短视频中出现的场景，视频中多次展示了此家火锅店的名称、牌匾及熊猫玩偶，是比较成功的场景植入。

图9-19 场景植入

4. 道具植入，自然适度

道具植入就是让产品作为短视频中的道具出现。道具可以包括很多东西，如手机、汽车、家电、抱枕等。图9-20所示为主播坐的"傲风"椅子的植入，算得上是比较自然的道具植入了。

图9-20 道具植入

在通过道具植入的方式打广告时，要遵循适度的原则，不能太多、太生硬，因为频繁地给道具特写显得有些刻意，容易引起观众的反感，结果往往会适得其反。

5. 奖品提供，引爆人群

很多自媒体人或网红为了吸引用户的关注，让短视频传播的范围扩大，往往会采取抽奖的方式来提升用户的活跃度，激励用户点赞、评论、转发。同时，他们不仅会在微博内容中提及抽奖信息，还可能会在短视频的结尾植入奖品的品牌信息。

图9-21所示为微博著名自媒体达人毒角SHOW发布的提供奖品的短视频，通过场景植入与台词植入相结合的方式打响了品牌。

图9-21 奖品提供

6. 音效植入，声声入耳

音效植入是指用声音、音效等听觉方面的元素对受众起到暗示作用，从而传递品牌的信息和理念，达到广告植入的目的。例如各大著名的手机品牌都有属于自己的独特的铃声，使得人们只要一听到熟悉的铃声，就会联想到手机的品牌。

图9-22所示为美拍平台上的短视频加入了《欢乐斗地主》的标识和二维码信息，同时还播放着经典的《欢乐斗地主》的背景音乐，这就是音效植入的典型方式。

图9-22 音效植入

9.2.4 贴片广告，紧随内容优势显著

贴片广告是通过展示品牌本身来吸引大众注意的一种比较直观的广告变现方式，一般出现在片头或片尾，紧贴着视频内容。图9-23所示为贴片广告的典型案例，品牌的Logo一目了然。

图9-23 贴片广告

贴片广告的优势有很多，这也是它比其他的广告形式更容易受到广告主青睐的原因。其具体优势包括如图9-24所示的几点。

```
                  ┌─ 明确到达：想要观看视频的内容，贴片广告是必经之路
                  │
                  ├─ 传递高效：与电视广告相似度高，传递的信息更为丰富
                  │
贴片广告 ── 优势 ──┼─ 互动性强：由于形式生动立体，因此互动性更强
                  │
                  ├─ 成本较低：不需要投入过多的经费，播放率也较高
                  │
                  └─ 可抗干扰：广告与内容之间不会插播其他无关的内容
```

图9-24 贴片广告的优势

> **专家指点**
>
> 贴片广告的变现方式是比较靠谱的,这从它的几大优势中就可以看出,而且值得注意的是,很多视频平台都已经广泛采用了这种广告变现模式,并获得了比较可观的收益。短视频的贴片广告也已逐渐成为广告变现的常用模式。

9.2.5 品牌广告,量身打造高效变现

品牌广告是以品牌为中心,为品牌和企业量身定做的专属广告。这种广告形式从品牌自身出发,完全是为表达企业的品牌文化、理念服务,致力于打造更为自然、生动的广告内容。这样的广告变现更为高效,但其制作费用相对而言比较昂贵。

例如美拍上的达人HoneyCC围绕牛仔裤品牌打造了一则广告,首先是她直接告诉受众她要介绍一条牛仔裤,紧接着几位美拍达人穿着裤子出场,以各种稀奇古怪的姿势和舞蹈吸引眼球,如图9-25所示。

图9-25 HoneyCC围绕牛仔裤打造的品牌广告

就是凭借这条短小的富有创意的品牌广告,美拍达人HoneyCC在几乎没有引流的情况下卖出了3万条牛仔裤,由此可见品牌广告的变现能力是相当高效的,与其他形式的广告方式相比针对性更强,受众的指向性也更加明确。

9.3 标签化IP,人气满满轻松获取利润

IP在近年来已经成为互联网领域比较流行和热门的词语,它的本意是Intellectual Property,即知识产权。而现在的很多IP实际上指的是具有较高人气的、适合几次开发利用的文学作品、影视作品及游戏动漫等,如最近流行的《盗墓笔记》《琅琊榜》《微微一笑很倾城》等。

值得注意的是,短视频也可以形成标签化的IP,所谓标签化,就是让人一看到这个IP,就联想到与之相关的显著特征,例如papi酱就是典型的标签化IP。罗振宇一手打造的《罗辑思维》也是标签化IP的"领头羊",将IP的价值发挥得淋漓尽致。由此可见,不管是人,还是物,只要它具有人气和特点,就能孵化为大IP,从而达到变现的目的。那么,对于短视频而言,标签化的IP应该如何变现呢?这样变现又有什么特点和优势呢?

9.3.1 直播，粉丝送礼物直接赢利

随着变现方式的不断拓展深化，很多短视频平台不单单向用户提供展示短视频的功能，而且还开启了直播功能，为已经拥有较高人气的IP提供变现的平台，粉丝可以在直播中通过送礼物的方式与主播互动。下面以著名的短视频平台快手为例，看看它是如何通过标签化的IP成功变现的。具体的步骤如下。

步骤 01 进入如图9-26所示的快手界面，点击界面上方的"同城"按钮，进入如图9-27所示的界面，可以看到很多动态的左上角有"LIVE"按钮，这就是直播的入口。

图9-26 快手App主界面

图9-27 快手App的"同城"界面

步骤 02 点击"LIVE"按钮，进入如图9-28所示的直播界面，❶点击界面右下方的礼物图标，然后会出现如图9-29所示的礼物界面，❷点击具体的礼物，如"扛把子"按钮，❸再点击"发送"按钮。

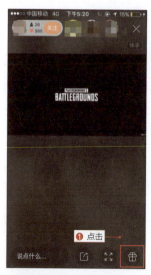
图9-28 直播的界面

图9-29 发送礼物

步骤 03 执行上述操作后，界面中会弹出如图9-30所示的对话框，点击"充值"按钮，接着会出现如图9-31所示的充值界面，按照要求充相应的金额即可。

图9-30 余额不足

图9-31 充值界面

专家指点

短视频平台开启直播入口是为了让已经形成自己风格的IP能够高效变现，这也算是一种对短视频变现模式的补充，因为用户对具有重要影响力的短视频达人已经形成了高度的信任感和依赖感，因此也会更愿意送礼物给他们，如此一来变现也就更加简单。

9.3.2　MCN，机构化运营专业变现

MCN是Multi-Channel Network的缩写，MCN模式来自于国外成熟的网红运作，是一种多频道网络的产品形态，基于资本的大力支持，生产专业化的内容，以保障变现的稳定性。随着短视频的不断发展，用户对短视频内容的审美标准也有所提升，这也要求短视频团队不断增强创作的专业性。

由此，MCN模式在短视频领域逐渐成为一种标签化IP，单纯的个人创作很难形成有力的竞争优势，因此加入MCN机构是提升短视频内容质量的不二选择。这样做的好处主要有2点：一是可以提供丰富的资源，二是能够帮助创作者完成一系列的相关工作，如管理创作的内容、实现内容的变现、个人品牌的打造等。有了MCN机构的存在，创作者就可以更加专注于内容的精打细磨，而不必分心于内容的运营、变现。

新片场一开始是以构建视频创作者的社区为主，它聚集了40多万的加V创作者，从这些创作者生产的作品中逐渐孕育出《造物集》《感物》《小情书》等多个栏目，而这些栏目渐渐地也形成了标签化的IP。例如基于新片场社区而产生的"魔力美食"短视频创作团队就是由MCN机构模式孵化出来的，图9-32所示为"魔力美食"短视频团队创作的精彩内容画面。

美拍@魔力美食
金针菇培根卷
Bacon rolls of Flammulina
魔力美食

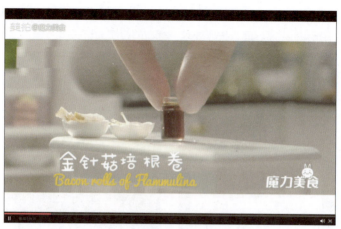

图9-32 魔力美食的美拍短视频

专家指点

一般而言，一个短视频是否能够在人群中传播开来，主要取决于内容质量和运营模式。如果短视频创作者只是打造出了质量上乘的内容，却没有好的渠道和资源支持内容的输出，就很难形成大范围的传播，达到理想中的营销效果。

MCN机构的发展也是十分迅猛的，因为短视频行业正处于发展的阶段，因此MCN机构的成长和改变也是不可避免的，而大部分短视频平台的头部内容基本上也是由如图9-33所示的几大MCN机构助力生产的。

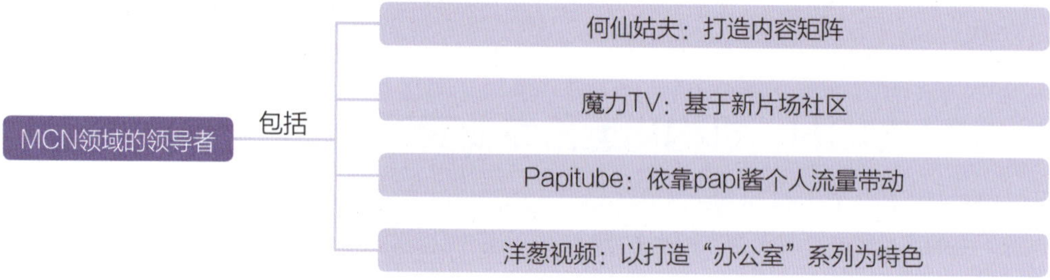

MCN领域的领导者
包括
何仙姑夫：打造内容矩阵
魔力TV：基于新片场社区
Papitube：依靠papi酱个人流量带动
洋葱视频：以打造“办公室”系列为特色

图9-33 MCN领域的领导者

目前短视频创作者与MCN机构都是以签约模式展开合作的，MCN机构的发展不是很平衡，部分阻碍了网络红人的发展，它在未来的发展趋势主要分为两种，具体如图9-34所示。

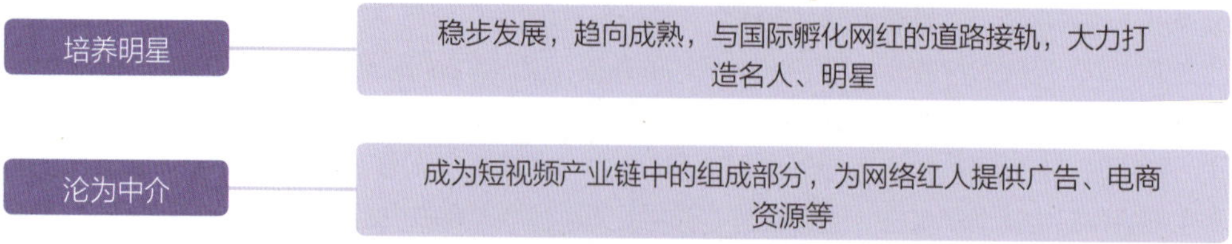

培养明星
稳步发展，趋向成熟，与国际孵化网红的道路接轨，大力打造名人、明星
沦为中介
成为短视频产业链中的组成部分，为网络红人提供广告、电商资源等

图9-34 MCN机构的发展趋势

MCN模式的机构化运营对于短视频的变现来说是十分有利的，但同时也要注意MCN机构的发展趋势，如果不紧跟潮流，就很有可能无法掌握其有利因素，从而难以实现变现的理想效果。

单一的IP可能会受到某些因素的限制,但把多个IP聚集在一起就容易产生群聚效应,进而提升变现的效率。

9.4 知识付费,干货内容引得众人追捧

知识付费与短视频结合是近年来内容创业者比较关注的话题,同时也是短视频变现的一种新思路。怎么让知识付费更加令人信服?如何让拥有较高水平的短视频成功变现、持续吸粉?两者结合可能是一种新的突破,既可以让知识的价值得到体现,又可以使得短视频成功变现。

从内容上来看,付费的变现形式又可以分为两种不同的类型,一种是细分专业咨询收费,另一种是教学课程收费。本节将专门介绍这两种不同内容形式的变现模式。

9.4.1 细分专业咨询,用户更愿意买单

知识付费在近几年越发火热,因为它符合了移动化生产和消费的大趋势,尤其是在自媒体领域,知识付费呈现出一片欣欣向荣的景象。付费平台也是层出不穷,包括在行/分答、知乎、得到及喜马拉雅FM等。那么,值得思考的是,知识付费到底有哪些优势呢?为何这么多用户热衷于用金钱购买知识呢?笔者将其总结为如图9-35所示的几点。

图9-35 知识付费的优势

细分专业的咨询是知识付费比较垂直的领域,针对性较强,国内推出了很多知识收费的问答平台,图9-36所示为"问视"的主界面,点击扩展图标 ∨ 即可看到更多类型的问题,如图9-37所示。

图9-36 问视的主界面　　　　图9-37 问视的问题分类

而"回答"界面则主要分为"单问"和"多答"两个板块，如图9-38所示。用户在问视上的赢利主要是通过回答问题来完成的，如图9-39所示的"个人中心"界面中就有"累计收入"的图标。

图9-38 问视的"回答"界面　　图9-39 问视的个人中心

由于短视频本身的时长较短，因此在内容的表达上也会有所限制，进而造成收费难的情况。细分专业的咨询收费或许会比较容易，但还有很多类型的知识付费有待共同探索和发现。

9.4.2　在线课程教授，知识属性更强大

知识付费的变现形式还包括教学课程的收费，一是因为线上授课已经有了成功的经验，二是因为教学课程的内容更加专业，具有精准的指向和较强的知识属性。很多平台已经形成了较为成熟的视频收费模式，如沪江网校、网易云课堂、腾讯课堂等，图9-40所示为沪江网校的官网首页。

图9-40 沪江网校的官网首页

例如以直播、视频课程为主要业务的千聊平台，其很多内容都是收费的，如图9-41所示，而且为了吸引用户观看，平台还会开展诸多活动，如打折、优惠等。

第 9 章 变现秘诀，15种方法任你选择

图9-41 千聊的收费课程界面

短视频的时间短，这对于观众接受信息而言是一大优势，但从内容的表达角度来看却是一大劣势，因为时间限制了内容的展示，让收费难以成功实施。如果短视频创作者想要通过知识付费的方式变现，就需要打开脑洞、寻求合作，例如哔哩哔哩平台上的up主"薛定饿了么"投放的短视频内容就别具一格，主要内容为一系列科普知识，表达方式符合年青一代的认知思维，如图9-42所示。

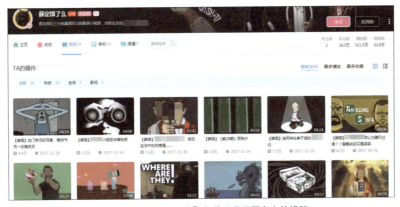

图9-42 "薛定饿了么"在哔哩哔哩平台上的投稿

9.5 大咖式变现，衍生模式也可成功获利

除了经典的电商变现、广告变现、标签化IP及知识付费等短视频变现模式，还有很多大咖式变现模式，这些变现模式有的是从短视频的经典变现模式中衍生出来的，有的则是根据短视频的属性发展起来的。具体而言，我们可以从4个方面来分析，即流量分成、平台补贴、版权收入及融资等，这些变现模式也是比较常见的，对于短视频赢利帮助很大。

215

9.5.1　流量分成，变现的基本保障

参与平台任务获取流量分成，这是短视频较为常用的变现模式之一，分成包括很多种，导流到淘宝或者京东后卖掉的产品的佣金也可以进行分成。流量分成是很多视频网站、短视频平台都可以使用的变现模式，也是比较传统的。以自媒体渠道今日头条为例，创作者在该平台上的收益形式就少不了流量分成，图9-43所示为创作者在今日头条上的收益界面。

图9-43　创作者在今日头条上的收益界面

但是，在今日头条平台上并不是一开始就能够获得流量分成，广告收益是前期的主要赢利来源，流量分成要等到账号慢慢成长壮大后才有资格获得。而且如果想要获得流量分成之外的收益，如粉丝打赏，则需要成功获取"原创"标签，否则无法获取额外的收益。

再如暴风短视频平台的分成模式，相对于今日头条而言，它就要简单得多，而且要求也没有那么多，具体规则如图9-44所示。

分成规则

分成方法： 收益=单价*视频个数+播放量分成

上传规则： 每日上传视频上限为100个（日后根据运营情况可能做调整，另行通知）

分成价格： 单价=0.1元/1个（审核通过并发布成功），播放量分成：1000个有效播放量=1元（2013年12月26日-2014年1月26日年终活动期间1000个有效播放量=2元）

分成说明： 单价收益只计算当月发布成功的视频，所有有效的历史视频产生的新的播放量都会给用户带来新的播放量分成

分成发放最低额度： 100元

分成周期： 1个自然月，每月5日0点前需申请提现，20日前结算，未提现的用户视为本月不提现，暴风影音不予以打款，收益自动累积到下月。

图9-44　暴风短视频的分成规则

而且创作者在暴风短视频上的赢利过程也很简单，4步就可轻松搞定，具体步骤如图9-45所示。

图9-45　创作者在暴风短视频上的赢利流程

> **专家指点**
>
> 值得注意的是,流量分成实际上远远无法抵消创作短视频的成本,并且平台和内容创作者是相辅相成、互相帮助的,只有相互扶持才能赢利更多。这种变现模式要合理运用,不能一味依赖,当然,也可以适当经营那些补贴丰厚的渠道。

9.5.2 平台补贴,诱人的资金策略

对于短视频的创作者而言,资金是吸引他们的最好手段,平台补贴则是诱惑力的源泉。作为魅力无限的短视频变现模式,平台补贴自然受到了不少内容生产者的注意,同时平台的补贴策略也成为了大家重点关注的对象。

自从2016年4月各大互联网巨头进军短视频领域以来,各大平台便陆续推出了各种不同的补贴策略,具体如图9-46所示。

平台	补贴策略
头条号	2016年9月,出资10亿元支持和补贴短视频的内容创作者
秒拍、微博	2016年9月,在未来网红大会中称将投入1亿美元支持短视频
百家号	2016年11月,宣布2017年把100亿元分发给内容生产者
企鹅媒体平台	2017月2月,宣布拿出12亿元扶持内容创作者,包括短视频创作者
阿里文娱	2017年4月,设立20亿元"大鱼计划"等奖励内容生产者
今日头条	2017年5月,宣布为火山小视频出资10亿元作为平台补贴

图9-46 各大平台的补贴策略

平台补贴既是平台吸引内容生产者的一种手段,同时也是内容生产者赢利的有效渠道,具体的关联如图9-47所示。

平台	通过比较诱人的平台补贴吸引内容生产者在平台上生产内容,从而吸引用户
创作者	可以把自己生产的内容作为平台的资源,然后以此为基础拿不同平台的补贴

图9-47 平台补贴对于平台和创作者的意义

> **专家指点**
>
> 像大鱼号、头条号等短视频平台的补贴主要分为两种形式:一是根据内容生产者贡献的流量,按照每月结算的形式直接发放现金;二是提供站内流量的金额,内容生产者可以借此推广自己的内容,用巧妙的途径发放费用。

在这样的平台补贴策略的保护之下，部分的短视频创作者能够满足变现的基本需求，如果内容足够优质，而且细分得比较到位，那么变现的效果可能会更显著，可以获取更为惊人的补贴。

以"小伶玩具"为例，一开始它的定位就很明确，即"演示全世界不同类型玩具的玩法"，属于垂直细分的短视频类型。其在上线1个月内，就获得了300万播放量的成绩，图9-48所示为小伶玩具的画面截图。

图9-48 小伶玩具的截图

小伶玩具的主要创作人员表示，他们的变现主要是依靠平台补贴和流量分成，也就是说大部分的赢利都来自于这两个渠道。

那么，在借助平台补贴进行变现时，内容创作者应该注意哪些问题呢？笔者认为有两点：一是不能把平台补贴作为主要的赚钱手段，因为它本质上只是起基础的保障作用；二是要跟上平台补贴的变化，每个平台的补贴都是在变化的，顺时而动是最好的。

9.5.3 版权收入，巧妙的变现模式

在刷微博或者浏览短视频平台上的内容的时候，不难发现各大新媒体平台活跃着很多的短视频搬运工，虽然视频版权问题越来越受到重视，但是短视频搬运工还是有很多。图9-49所示为微博上的短视频内容，从页面右上角的几重水印可以明显看出这是经过几次搬运再发布的短视频。

图9-49 搬运的短视频

实际上，如果帮助短视频搬运工剪辑修改短视频，可能会获得更大的视频播放量，因为这样会有效提升搬运的短视频的质量，实现短视频的完美变现。不过值得注意的是，剪辑短视频并不容易，不是任何团队轻而易举就能完成的，但是如果把一个短视频剪辑得出色的话，可能它的播放量比原创短视频的播放量还高。

由此，短视频的变现完全可以从版权收入的角度切入，内容创作者可以组建一个专业的短视频剪辑团队，致力于帮助短视频搬运工妥善解决版权问题，进而获得收益。

专家指点

此外，短视频还可以孵化出火热IP，例如很多网红通过短视频获得知名度，之后再出书、参加商演等活动，进而实现变现。这可以算得上是短视频变现的衍生模式，同时也借助了IP的人气和力量。

9.5.4 企业融资，侧面的赢利方法

短视频在近几年经历了较为迅速的发展，同时各种自媒体的火热也引发了不少投资者的注意，相信不少人都知道papi酱的名号，她拥有多重身份，如在内容创作中自称的"一个集美貌与才华于一身的女子"，又如中戏导演系的研究生，再如拿下1 200万元投资的网红界大咖。图9-50所示为papi酱的微博主页，粉丝数量已经突破了2 600万，可见人气之高，影响力自然也不在话下。

图9-50 papi酱的微博主页

融资就由papi酱这一热点带入了广大网友的视野，作为自媒体的前辈，"罗辑思维"也为papi酱投入了一笔资金，即联合徐小平共同投资12 00万元。papi酱奇迹般地从一个论文还没写完的研究生转变为身价上亿元的短视频创作者，而这一切，仅仅用了不到半年的时间。

融资的变现模式对创作者的要求很高，因此适用的对象比较少，而且papi酱只是目前短视频行业的个例。但无论如何，融资也可以称得上是一种收益大、速度快的变现方式，只是发生的概率比较小。

除了对个人的投资之外，如今的短视频领域还出现了对已经形成一定规模的自媒体平台的投资，例如"泽休文化"就成功获得由美图领投，聚桌资本跟投的千万资金级A轮投资。"泽休文化"旗下开设了3个栏目，分别是"厨娘物语""白眼初体验""我们养猫吧"。

其中的"厨娘物语"是极具特色的一档节目，其用户定位比较明确，即面向满怀少女心的群体，而且运营方面也采用了IP化与品牌化的逻辑思维。图9-51所示为"厨娘物语"的画面截图，从颜色布局就可以看出其风格定位。

图9-51 "厨娘物语"的截图

"厨娘物语"不仅通过自身精准的用户定位和鲜明的少女风格吸引了美图的投资，成功达到了短视频变现的目的，而且它还积极与用户展开互动，如内容、评论的互动，出书与粉丝进行深入交流等。这些互动一方面可以增强粉丝的黏性，提升粉丝的信任度，另一方面可以从侧面实现短视频的变现。

第 **10** 章

平台变现，18个热门平台全解析

随着短视频和新媒体的迅速发展，互联网行业的平台赢利模式也是花样百出，层出不穷。在打造完短视频后，可能还是会有疑问，到底如何能够成功变现，获取赢利呢？除了15种变现模式，是不是还可以从其他类型的平台赢利模式中获取新的点子呢？

第 **10** 章　平台变现，18个热门平台全解析

资讯客户端，广告分成是大势所趋

处于纷繁复杂的互联网世界之中，企业想要经营好一个平台不容易，想要通过平台赢利变现就更是难上加难了。了解平台的具体分成对于短视频创作者和团队而言是至关重要的，一是因为不同的平台在不同的时间段对于短视频的扶持力度是不同的，会随着时间的变化而变化，把握趋势很重要；二是了解不同的渠道有助于创作者和团队提升变现的效率。

本节将从资讯类客户端的角度出发，以百家号、今日头条、一点资讯、企鹅媒体平台、网易号媒体开放平台为例，详细介绍创作者在这些平台上的收益来源。

10.1.1　百家号，3类收益赢利润

百家号于2016年9月28日全面对外开放，是百度公司全力打造的创作平台，内容生产者可在此平台上发布内容、通过内容变现、管理粉丝等。百家号支持图片、文字、视频等内容发布形式，同时还将在未来支持更多的内容发布形式，如动图、直播、H5等，图10-1所示为百家号的官网首页。

图10-1　百家号的官网首页

那么，创作者在百家号上究竟是怎么获取收益的呢？总的来说，创作者此平台上的收益主要来自于3种渠道，具体如图10-2所示。

图10-2　创作者在百家号上的收益来源

> **专家指点**
>
> 这3种收益方式相比较而言,广告分成和粉丝赞赏是比较简单的,只要发布了内容基本就可以获取,而原生广告则较为复杂一些,需要内容拥有较高的质量才能成功变现。此外,百家号已经开始对分成收益进行测试了,意思就是会对内容创作者发布的内容展开调查和测评。

图10-3所示为创作者在百家号上的内容收益页面,想要获取更多的收益,就要打造更为优质的内容,内容为王的道理适用于很多领域,平台变现也少不了对内容的关注。

图10-3 创作者在百家号上的收益页面

10.1.2 今日头条,6种方式巧赢利

今日头条是一款基于用户数据行为的推荐引擎产品,同时也是内容发布和变现的一个大好平台,它可以为用户提供较为精准的信息内容,集结了海量的资讯,主要内容不仅包括狭义的新闻,而且还涵盖了音乐、电影、游戏、购物等方面,既有图文,也有视频,图10-4所示为今日头条的官网首页。

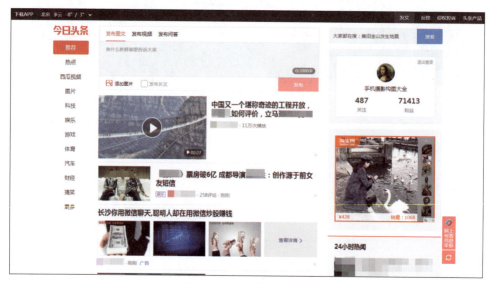

图10-4 今日头条的官网首页

第 **10** 章 平台变现，18个热门平台全解析

创作者在作为资深的自媒体渠道的今日头条上的收益来源是比较典型的，同时形式也比较多，图10-5所示为创作者在今日头条上的收益分析页面。

图10-5 创作者在今日头条上的收益分析页面

总的来说，创作者在今日头条上的收益形式主要有6种，其具体内容如图10-6所示。

创作者在今日头条上的收益形式 ── 包括
- 平台分成：是基本的变现保障，不能过度依赖
- 平台广告：属于硬性广告，变现效果比较显著
- 用户打赏：表示对内容的赞同，是主动的打赏
- 问答奖励：内容价值较高，与知识付费相类似
- 自营广告：是电商自媒体和电商变现的主媒介
- 千人万元计划：内容最低需要达到原创的标准

图10-6 创作者在今日头条上的收益形式

专家指点

这里提到的"千人万元计划"指的是今日头条平台将在1年之内保证不低于1 000个头条号创作者在每个月内至少获得1万元的收入。显而易见，如果想要成为这个计划的受益者，就必须要对发布的内容进行精打细磨，最好是拥有自己的创新点。

10.1.3 一点资讯，"点金计划"获收益

一点资讯是一款基于兴趣推荐的平台，如图10-7所示，主要特色为搜索与兴趣结合、个性化推荐、用户兴趣精准定位等。此平台上的内容十分丰富，天文地理，无所不包，包括时政新闻、

223

财经资讯、社会热点、家装设计、育儿常识、星座命理、出游旅行、野史探秘、太空探索、未解之谜、前沿科技等。

图10-7 一点资讯的官网首页

创作者在一点资讯平台上的收益形式主要是平台分成，不过后来平台推出了主要针对图文自媒体的"点金计划"，如图10-8所示。如果短视频创作者想要从此渠道获取收益，是需要向平台方提出申请的，申请通过后才可以开始赢利。

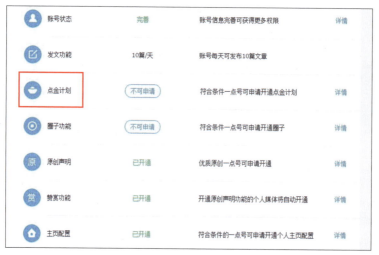

图10-8 一点资讯的"点金计划"

专家指点

"点金计划"的申请要求比较严格，审核不是很容易通过，具体的条件包括内容比较垂直、综合质量高，账号在3个月内没有违禁、投诉记录，基础数据、核心数据，如发布文章的数据、原创内容的数据等达到标准。综合数据是随着内容质量的提升而不断上涨的，只有内容优质，才有可能通过审核。

10.1.4 企鹅媒体平台，流量补贴要求高

企鹅媒体平台于2016年3月1日正式推出，它提供的功能包括打开全网的流量、提供内容生产和变现平台、打通用户之间的连接。媒体或者新媒体在企鹅媒体平台上发布内容后可以通过多种渠道进行推广，如天天快报、腾讯新闻、手机QQ浏览器、微信新闻插件等，图10-9所示为企鹅媒体平台的登录页面。

图10-9 企鹅媒体平台的登录页面

创作者在企鹅媒体平台上的收益主要来自平台分成，如腾讯新闻、天天快报等产生的有效流量分成，如图10-10所示。

日期	有效流量	流量收益	特权收益	总收益
2017-05-29	107404	94.34	0	94.34
2017-05-28	41575	48.98	0	48.98
2017-05-27	8281	12.34	0	12.34
2017-05-26	13851	62.99	0	62.99

图10-10 创作者在企鹅媒体平台上的收益页面

> **专家指点**
>
> 从创作者在企鹅媒体平台上的收益页面可以看出，总收益主要分为2大部分，一是流量收益，二是特权收益。一般以流量收益为主，而且是以有效流量为基础的。

那么，是不是只要开通了企鹅号就能够获取收益呢？实际上，如果想要在企鹅媒体平台上获得收益，还需要满足一些条件，这些条件不仅是申请平台流量分成的前提，同时也是账号内容优质的保障，具体要满足哪些要求呢？笔者将其总结了一下，如图10-11所示。

```
                                    ┌─ 已经开始进入正式运营,入驻满1个月
                                    │
                                    ├─ 被推荐的文章达20篇,推荐量大于0
  获取收益需要满足 ── 条件 ──┤
                                    ├─ 文章内容优质,符合媒体定位的方向
                                    │
                                    └─ 没有违规记录,遵守行业的规章制度
```

图10-11 在企鹅媒体平台上获取收益需要满足的条件

10.1.5 网易号媒体平台,星级制度得分成

网易号是由网易订阅发展演变而来的,它是自媒体内容的发布平台,同时也是打造品牌的帮手。图10-12所示为网易号的登录页面。它的特色在于高效分发、极力保护原创、现金补贴等,而且它还带头推出了自媒体的直播功能。

图10-12 网易号的登录页面

创作者在网易号上的主要收益来自平台分成,不过网易媒体开放平台的分成方法与其他平台有所区别,主要是以星级制度为准,具体方法如图10-13所示。

```
                                    ┌─ 2星及以上账号:开通原创、打赏功能
                                    │
                                    ├─ 3星及以上账号:举办线上线下的活动
  星级制度的细则 ── 包括 ──┤
                                    ├─ 4星及以上账号:可提交直播互动申请
                                    │
                                    └─ 5星及以上账号:向目标人群发PUSH
```

图10-13 星级制度的细则

而对于平台分成,网易号至少要达到3星以上才能获取平台分成,而且星级的不同还会影响功能的提供,图10-14所示为网易号的星级功能。

图10-14 网易号的星级功能

> **专家指点**
>
> 网易号的功能齐全，主要分为4个板块，即"原创""问吧""直播"及"PUSH"，其中"问吧"是一个互动功能，即自媒体入驻网易号平台后，可以直接与用户进行交流沟通，而且"问吧"产生的内容也会被推送到头条区域，以供用户观看阅读。

10.2 移动短视频，粉丝积累是重中之重

随着移动互联网和移动设备的不断发展，移动端的短视频也愈发火爆，各种短视频App层出不穷，如美拍、快手、抖音、暴风短视频等。那么，创作者在这些移动端的短视频平台上是怎么赢利的呢？他们的分成收益又是如何计算的呢？

本节从移动短视频平台中选出几个较为典型的例子，分析它们如何给创作者分配收益，以为想要开通短视频创作平台的创业者及短视频创作者提供相关参考。

10.2.1 美拍，粉丝打赏助一臂之力

创作者在美拍上的主要收益来自粉丝打赏，而打赏又依赖粉丝的积累，有了足够多的粉丝才能够变现，从而获得丰厚的收益。

值得注意的是，美拍可以通过内容创作植入广告，而且还有多种不同的形式，有比较直接的，也有比较富有创意的。例如各大品牌商在美拍上发起的"#广告也有戏#"话题活动就是直接的广告，而有的则是通过创意的内容来植入广告和商品链接，不过这也需要有足够强大的粉丝基础才能达到效果。

图10-15所示为美拍平台上的关于多芬沐浴乳的短视频，拥有庞大粉丝量的短视频用户发布与商品相关的推荐内容，在内容左下角放置商品的购买链接，用户只要感兴趣，点进去就可以进行购买。

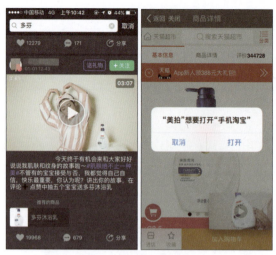

图10-15 美拍的商品链接

由此也可以看出,创作者在美拍上的收益主要依赖粉丝的力量,粉丝打赏也是他们的主要收益来源。想要吸粉,就要保证内容的质量,如果生硬地加入商品链接,是无法获取持续而稳定的收益的。

10.2.2 快手,礼物赠送获取大利润

快手是一款比较接地气的App,同时也是普通老百姓娱乐的绝佳平台,创作者在此平台上的收益来源主要是直播的粉丝打赏。对于主播而言,只要有足够的粉丝支持,内容质量高,就能够获取较为可观的收益。图10-16所示为快手的直播界面,获得的礼物就是收益的体现。

图10-16 快手的直播界面

图10-17所示为快币的充值界面,如果粉丝想要给自己喜欢的主播送礼物,就需要充值购买快币,而快币又是与现实中的货币挂钩的,故礼物赠送得越多,主播获取的收益就越多。

第 **10** 章 平台变现，18个热门平台全解析

图10-17 快币的充值界面

专家指点

快手的直播功能可以给主播提供收益，具体的算法为：扣20%左右的税，然后平台和主播五五分成。例如，总收入为100元，则扣税为100×20%=20元，因此主播的实际收入为（100-20）÷2=40元。

10.2.3 抖音，直播功能引粉丝赞助

抖音是当下备受年轻群体喜爱的音乐短视频App，创作者在这个平台上的收益主要来源于平台补贴。同时此平台还常常与品牌主发起相关话题挑战，吸引用户参与，以便推广品牌，图10-18所示为摩拜单车与抖音联手发布的"#Battle靠谱手"挑战活动的界面。

图10-18 "#Battle靠谱手"挑战活动界面

这种话题挑战实际上是需要品牌商、平台方、达人及用户等一起合作的，平台方和品牌商发

229

起话题挑战，利用达人和活动运营炒热话题，从而吸引广大用户参与挑战。如果用户生产出优质的内容，且引起了较为广泛的传播，那么平台就会给出奖赏和补贴。

专家指点

抖音为了获取更多收益，也开通了直播功能，相对于平台补贴而言，直播中获得的粉丝打赏收益更加直接，而且往往更为丰厚。

10.2.4 火山小视频，火力全开收益可观

　　火山小视频是一款收益分成比较清晰、进入门槛较低的短视频平台，同时也是快手的实力相当的对手，从各大短视频App的排行榜来看，两者之间的竞争是十分明显的。火山小视频的定位从一开始就很准确，而且也把握了用户想要赢利的心理，打出的口号就是"会赚钱的小视频"，那么，创作者在火山小视频上的主要收益究竟来自哪里呢？

　　火山小视频是由今日头条孵化的，同时今日头条还为其提供了10亿元的资金补贴，以全力打造平台上的内容，聚集流量，炒热App。因此，创作者在火山小视频上的主要收益来自平台补贴，那么，用户要怎样才能获得这些补贴呢？

　　利用第三方账号微信、QQ、微博等登录火山小视频之后，会进入如图10-19所示的火山小视频的个人界面，点击红色的"火力&钻石"按钮，会进入火力值查看界面，如图10-20所示。

图10-19　火山小视频的个人界面　　　　图10-20　火力值查看界面

专家指点

火山小视频是通过火力值来计算创作者的收益的，10火力相当于1元，赢利是非常可观的，关键在于内容质量要有保障，最好垂直细分，而不是低俗无聊。

　　火力结算的方式如图10-21所示，可使用微信，还可使用其他形式，如银行卡、支付宝等。

除此之外，火山小视频的钻石充值是为直播中送礼物提供的功能，如图10-22所示，这也是一种收益来源。

图10-21 结算火力的方式

图10-22 钻石的余额界面

10.3 社交媒体，内容优质是首要条件

社交媒体一直都是互联网世界中的一大巨头，同时也一直保持着用户活跃度，其吸粉、引流的能力之强大让人感到不可思议。但这确实是社交媒体的本质属性，人是无法离开群体而生存的，因此社交媒体成为了互联网时代最受人们欢迎的平台之一，足不出户就可与五湖四海的人们展开交流，何乐而不为？

社交媒体上的内容十分丰富，同时图片、文字、语音、动图、视频等多样的内容形式也为内容增添了几分色彩。那么，社交媒体上的短视频的收益主要来源于哪里呢？社交媒体渠道的收益方式又有什么要求呢？

以新浪微博为例，它是一款为大众提供娱乐服务和展示自我生活的信息交流分享平台，随着功能的升级和版本的更迭，它已经慢慢成为国内影响力最大的社交媒体平台之一。越来越多的用户愿意使用新浪微博，一边为平台生产内容，一边获取平台的内容，为其发展壮大做出了较大的贡献。同时，由于平台的设计很人性化，大部分内容的质量也比较高，因此吸引了更多的用户。

据悉，截至2017年6月，新浪微博的月活跃用户已经超过了3亿，主要以移动端用户为主，占到92%。面对如此庞大的用户群体，新浪微博自媒体的收益是从何而来的呢？它们又是通过哪些方式赚取收益的呢？

目前来看，新浪微博自媒体的收益来源主要分为两大类型，即广告收益和内容收益。首先来看广告收益，一般来说，微博自媒体需要满足如图10-23所示的几个条件才能成功获取广告收益。

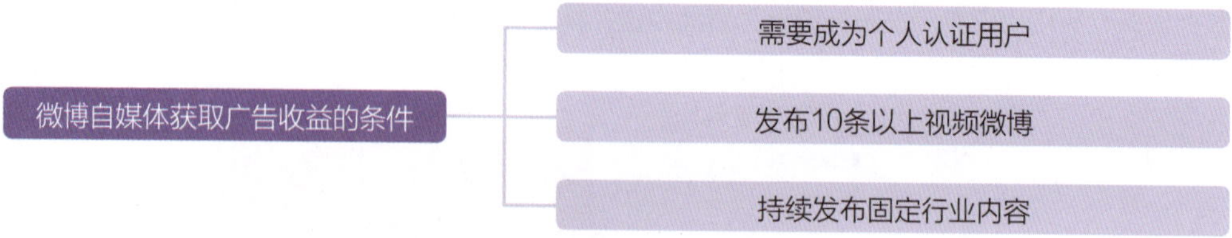

图10-23 微博自媒体获取广告收益的条件

再来看内容收益，图10-24所示为移动端的微博内容收益界面，内容收益主要有3种类型。第一个是付费订阅，如图10-25所示，它顺应了内容收费的潮流，其中提供的内容质量都是很高的，垂直性也很强，主要是为了获取收益。

图10-24 微博内容收益界面

图10-25 微博付费订阅界面

第二个是微博打赏，图10-26所示为收益指标的界面。

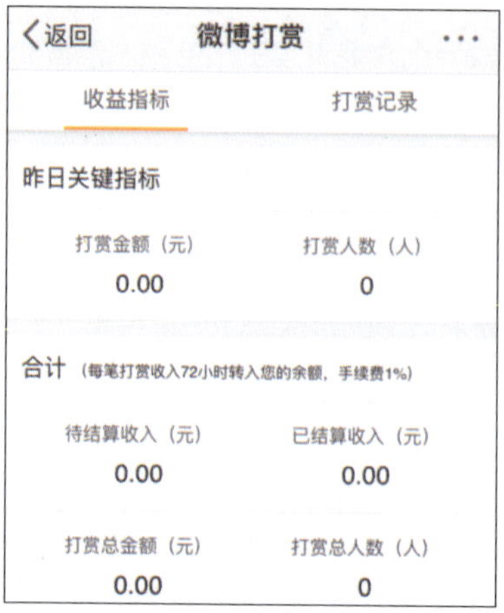

图10-26 微博打赏界面

微博打赏功能的开通分为两种情况：一种是对于已经是微博自媒体的用户，小编会私信你进行测试开通；另一种是通过私信的方式自行申请。

第三个是微博问答，实际上微博问答和微博打赏是有联系的，如图10-27所示，在提出问题后，会有专业的人士回答问题，之后如果别的用户也有相同的问题可以直接打赏围观，金额可以自行设置。

图10-27 微博问答界面

专家指点

微博问答这一功能的开通也是需要条件的，一是申请加入帮帮团，二是需要账号通过认证。

10.4 在线视频，收益来源集众家之长

在线视频其实也是一种比较热门的形式，自从在线视频走入人们的视野，就备受大众的喜爱。此后，各式各样的在线视频平台如雨后春笋般涌现出来，不同的平台也开发了自己独有的收益分配方式。

如今，比较有名的在线视频平台当属大鱼号、腾讯视频、搜狐视频、爱奇艺视频、哔哩哔哩动画等，这些在线视频平台涵盖的内容范围很广，同时也是上传短视频的较好渠道。本节将以几个典型的在线视频平台为例，介绍它们的收益分配方式。

10.4.1 大鱼号，3种渠道获取收益

作为近来比较火热的在线视频平台，大鱼号的显著优势主要体现在打通了优酷、土豆及UC3大平台的后台，同时在大鱼号的登录页面中也有优酷和土豆的品牌标识，如图10-28所示。

图10-28 大鱼号的登录页面

那么，大鱼号的收益分配方式主要包括哪几种呢？主要分为3种，一是广告分成，二是流量分成，三是大鱼奖金升级。

首先来看广告分成，如果用户想要获取广告分成，满足几项条件中的一项即可，具体如图10-29所示。

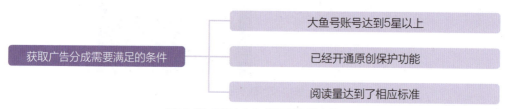

图10-29 获取广告分成需要满足的条件

其次是流量分成，获取流量分成的要求比较简单，只要大鱼号账号达到5星即可。最后是大鱼奖金升级，报名争取奖金的门槛不低，而且需要满足较多条件，有些条件是必须满足的，有些则是满足其中一项即可，具体如图10-30所示。

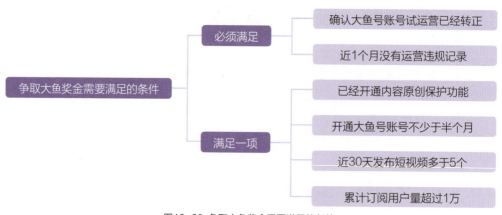

图10-30 争取大鱼奖金需要满足的条件

10.4.2 腾讯视频，定向获得平台分成

腾讯视频是中国领先的在线视频平台，为广大用户提供了较为丰富的内容和良好的使用体验，其内容包罗万象，包括热门影视、体育赛事、新闻时事、综艺娱乐等，图10-31所示为腾讯视频的首页。

图10-31 腾讯视频的首页

那么，创作者在腾讯视频上的主要收益来源是什么呢？是平台分成。但是需要注意的是，如果想要获取平台分成的话，需要满足如图10-32所示的几项条件。

```
                        ┌─ 发布的视频必须是原创的
获取平台分成需要满足的条件 ─┼─ 总播放量要达到10万
                        └─ 起码推出5条原创视频
```

图10-32 获取平台分成需要满足的条件

> **专家指点**
>
> 腾讯视频的平台分成收益不是所有的视频创作者都能获取的，它是需要视频符合具体的内容领域的，例如泛娱乐内容的视频的创作者就能轻松获取平台分成，而生活类的短视频的创作者是无法获取平台分成的。

10.4.3 搜狐视频，4种技巧收获回报

搜狐视频是一个播放量较高的在线视频分享平台，提供了高清电影、电视剧、综艺节目、纪录片等内容，同时还提供了视频的存储空间和视频分享的贴心服务，可以称得上是比较人性化的在线视频平台，图10-33所示为搜狐视频的官网首页。

图10-33 搜狐视频的官网首页

创作者在搜狐视频上的主要收益也是来源于几大渠道，主要分为平台分成、边看边买、分享赢利及赞助打赏。那么，这些收益来源具体有什么要求和标准呢？首先来看平台分成，很多在线视频平台都具有这一收益来源，但搜狐视频与其他平台不同的地方在于它的要求十分简单，只要是原创的或者是被授予了版权的视频都可以加入搜狐视频自媒体。

其次是边看边买，这一收益其实是平台的广告收益，具体而言可以分为两种情况，如图10-34所示。

渠道广告	平台给予内容创作者的广告收益，也就是渠道广告的收益
商品链接	观众观看创作者的视频中的广告，点击商品链接购买的回扣

图10-34 边看边买的收益来源

再次是分享赢利，一般的在线视频平台都会提供分享的功能，搜狐视频也不例外。通过分享视频到站外的其他渠道，如QQ、微信、微博等社交媒体上，吸引用户来到搜狐视频站内观看影片，从而提升站内的播放量。

那么，具体是怎样计算收益的呢？每获得1 000人次的观看量，就可以得到另算的50元提成。这里的分享赢利需要满足的条件很简单，只要是搜狐视频平台内参与分成的视频，都可以通过分享的方式赚取收益。

专家指点

搜狐视频的分享功能十分强大，不仅可以直接分享到QQ、微信、QQ空间、微博等社交媒体上，同时还可以通过复制代码的方式分享视频，可谓简单又快捷。

最后是赞助打赏，这也是搜狐视频平台自媒体的主要收益来源，同时也是自媒体与用户进行互动的常用方式。一般而言，只要是参与平台分成的视频都可以得到用户的赞助打赏，图10-35所示为"美啦"自媒体发布的视频结尾出现的打赏提示，用户如果对视频内容感兴趣，或者认为这个视频帮他学到了知识，那么就可以通过扫二维码的方式对视频进行打赏。

图10-35 搜狐视频自媒体的打赏提示

10.4.4 爱奇艺视频，主动申请平台分成

爱奇艺视频是爱奇艺推出的一款主打在线视频的平台，它不仅包含了很多内容资讯，而且还支持多种平台，如移动设备、PC及Mac。图10-36所示为爱奇艺视频的官网首页。

图10-36 爱奇艺视频的官网首页

创作者在这个平台上的收益主要是平台分成，而具体的分成方法与其他视频平台有所不同。它是在爱奇艺视频平台发布内容之后，再通过向爱奇艺官方邮箱提出申请的方式获取分成。

10.4.5　哔哩哔哩，机智引导用户投币

哔哩哔哩又称"B站"，是年轻人喜欢聚集的潮流文化娱乐社区，同时也是网络热词的发源地之一。目前哔哩哔哩的每日视频播放量已经突破1亿，用户以年轻人为主，24岁以下的用户占到了75%，平均年龄才17岁。由此可见，哔哩哔哩是一个比较年轻、活跃的在线视频平台，图10-37所示为哔哩哔哩的官网首页。

图10-37　哔哩哔哩的官网首页

对于B站上的创作者而言，其主要收益来自粉丝打赏，因为它本身的内容很垂直，吸引的粉丝大部分也是具有相似的兴趣爱好的，B站不仅是一个在线视频平台，而且也是聚集粉丝的社区。因此，粉丝资源对于平台的作用是至关重要的，对于创作者而言也是内容变现的重要支撑。图10-38所示为哔哩哔哩视频的打赏页面，通常是采用投币的方式进行赞助打赏。

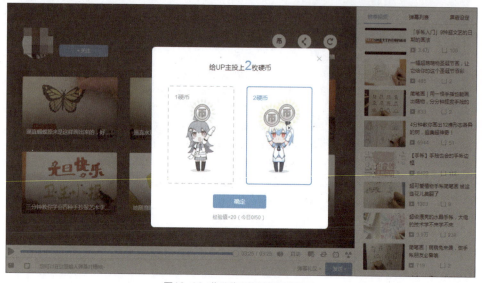

图10-38　哔哩哔哩的视频打赏页面

10.4.6 乐视视频，联系客服得到分成

乐视视频的原名是乐视网，它致力于打造"平台+内容+终端+应用"一体化的生态系统，这种战略也被称作"乐视模式"。它的业务覆盖范围比较广泛，包括在线视频、电子商务、影视制作等，而且乐视着力经营版权分销业务，从中获取巨大利润，图10-39所示为乐视视频的官网首页。

图10-39 乐视视频的官网首页

创作者在乐视视频上的主要收益来源与在大多数在线视频平台上的一样，也是平台分成，而且在乐视平台上获得分成的方法与在爱奇艺视频上的大致相同，都需要内容创作者主动联系客服进行申请。

10.4.7 第一视频，打赏收益门槛较高

第一视频是一个微视频新闻门户网站，同时也是一个融视频、新闻和移动终端为一体的综合性媒体平台。此外，第一视频还具有强大的云计算、云存储、云搜索及云关联的功能，不仅提供富有价值的新闻资讯，同时还提供平台，让每位有想法的网友都成为内容的创作者，图10-40所示为第一视频的官网首页。

图10-40 第一视频的官网首页

第一视频的视频播放界面比较简洁，而且也没有广告，大多都是短短的几分钟的视频，图10-41所示为第一视频的视频播放界面。

图10-41 第一视频的视频播放界面

那么，创作者在第一视频上的主要收益来自哪里呢？来自打赏收入。但是需要注意的是，如果想要在第一视频平台上获得打赏收益，就必须成功晋级为此平台的自媒体认证会员，否则是无法获取收益的。

10.4.8 爆米花视频，上传内容即可获取收益

爆米花视频是一个专注于分享视频的新媒体平台，最大的特色是"免费"，拥有海量的视频内容，内容趋向于娱乐、搞笑，图10-42所示为爆米花视频的官网首页。

图10-42 爆米花视频的官网首页

对于爆米花视频平台上的创作者而言，其主要收益来自平台分成，只要上传优质内容至视频平台上，就可以获取分成收益，门槛相对而言是比较低的。

第 11 章

营销技巧,将短视频推向广阔市场

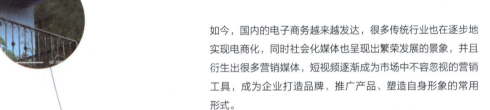

如今,国内的电子商务越来越发达,很多传统行业也在逐步地实现电商化,同时社会化媒体也呈现出繁荣发展的景象,并且衍生出很多营销媒体,短视频逐渐成为市场中不容忽视的营销工具,成为企业打造品牌、推广产品、塑造自身形象的常用形式。

11.1 营销型短视频,提升产品转化率

营销型短视频是比较典型的用来进行营销的短视频形式,特别是在线上销售发展得如火如荼的今天,营销型短视频的作用更是不容忽视。

一个商品如果仅仅只是通过图片、文字等方式传播、转化,往往难以达到较好的效果,而且这种营销方式很有可能随着技术、人们的生活方式的改变和发展而逐渐失去部分优势,而营销型短视频可以说是目前具有实用价值,并拥有提升商品转化率等优势的营销工具。

11.1.1 初次见面,认识营销型短视频的魅力

营销型短视频的概念其实比较广泛,不能单一地认为它是某种视频形式,而可以说是一整套完善的视频营销方案,它不但改变了互联网时代人们观看网络内容的习惯,而且还具有网络媒体的属性特点,那就是传播速度非常快。

图11-1所示为airbnb(爱彼迎)围绕品牌理念打造的一个走心广告,全片以"旅行"和"生活在别处"为中心主题,引发读者的共鸣,全面阐释产品的特色,并通过各大平台进行宣传和推广,为品牌引流。

图11-1 爱彼迎的走心广告

从这个案例中,可以看到营销型短视频的两个基本要素,如图11-2所示。

图11-2 营销型短视频的两个基本要素

11.1.2 4个特点,帮助企业树立形象和品牌

总的来说,营销型短视频主要通过电视广告等传统媒体、优酷、爱奇艺等视频网站、美拍、梨视频等短视频平台,微博、微信等社交网络,以及淘宝、京东等电商平台进行组合性的投放,从而更好地帮助企业宣传品牌、销售产品,其特点包括传播力强、公信力强、营销力强和成交量大4个方面。

1. 传播力强——让更多的人看见、分享

传播力是各种网络营销工具必不可少的重要属性,只有具备这种属性,视频才能在互联网及各种媒体中生存下去,才能被更多的人看到和分享传播力强是营销型短视频首先具备的特点。

例如,小米手机在推出红米5/红米5Plus的时候,为了吸引广大消费者的注意力,特地精心制作了时长为1分30秒的营销型短视频,并通过官方微博发布出来,借助SNH48的明星吸睛力和给转发、评论者赠送礼物的方式引流,效果显著。如图11-3所示,评论量超过了6 000,转发量突破了15万。

图11-3 小米手机在微博上发布短视频

> **专家指点**
>
> 这种互动式的营销型短视频特别适合线下活动曝光、新品发布、互动体验等应用场景,而且值得注意的是,如果将其投放在各大流量庞大的平台,如今日头条、微信、优酷等上,会有更大的概率收获显著的效果。

2. 公信力强——让公众信服的隐形力量

营销型短视频的公信力主要体现在其非常强调真实、客观,具有使公众信任的力量。没有公信力的短视频营销终将失去生命力,被受众鄙弃。

由于营销型短视频具有公信力强的特点,可以包装并提升品牌的形象,让企业的客户快速信任企业。而那些没有品牌的产品通常价格会比较低廉,这样的企业要生存是举步维艰的,可以说是"没有品牌将处处挨打"。

营销型短视频可以有效提升企业的品牌知名度和曝光度,提高大众对品牌和企业的信任度和依赖度,这既是营销型短视频的特点,也是它显著的优势,是其他类型的短视频无法相比的。

3. 营销力强——轻松解决企业营销难题

营销型短视频可以帮助企业解决一系列的营销难题,如图11-4所示,可以对企业或产品进行精确的定位,从而针对目标消费群体推出更加适合他们、更有优势的产品或服务。

图11-4 营销型短视频可以解决企业的一系列问题

因此，营销型短视频强大的营销力可以帮助企业快速打响品牌，打开市场，如图11-5所示，企业应该及早布局。

图11-5 营销力的作用

4. 成交量大——成功引导用户购买产品

最后，营销型短视频更是为产品带来大成交量的可靠保障，可以成功引导消费者提交订单，塑造产品价值。

例如，淘宝某商家在产品界面展示短视频，通过全方位地展示商品的细节、优点，进行商品的宣传并转化售卖，使得销量暴增。虽然视频时长1分钟都不到，但月销量竟几近破万，由此可见依靠营销型短视频销售商品的效果是立竿见影的，如图11-6所示。

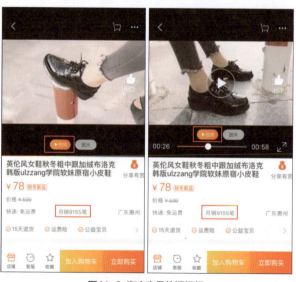

图11-6 淘宝商品的短视频

营销型短视频可以帮助企业和商家全方位地展现产品，不但可以让消费者直观全面地了解产品，而且记忆更加深刻，其效果比传统的图文宣传更好。做一个简单的对比，如果口头推销的效果是10%，那么图文展示产品的营销效果就是20%，而短视频展示产品的营销效果则可以达到100%，营销型短视频的营销优势显而易见。

> **专家指点**
>
> 营销型短视频可以很好地消除客户的抗拒心理，可以打消他们的疑虑，降低运营风险，让营销推广变得更简单。

11.1.3　4个优势，成功赢得用户支持和青睐

营销型短视频的优势是围绕其特点而拓展的，从某种程度上来讲，优势是以特点为基础的。从营销型短视频的优势里，我们可以窥得为何短视频营销能够获得显著成效。

1. 塑造企业完美形象，提升产品公信力

前面已经说了营销型视频具有公信力强的特点，它可以在非常有限的时间内将大量包括企业正面信息的内容通过精美的视频画面展现出来，从企业使命、定位、产品服务、客户认可等多角度诠释品牌内涵，进而使客户信任企业，如图11-7所示。

展示企业的规模和团队	让客户客观了解企业硬实力，从而轻松超越竞争对手
展示企业的品牌和文化	让客户感受企业的软实力，客户因为相信所以快速成交

图11-7　营销型短视频让客户快速对企业产生信任

企业可以通过视频来为自己代言，在视频中描述企业发展的故事，与客户一起见证过去、分享未来；表明自己愿意承担应有的社会责任，为观众带来更多正能量的东西，如对社会负责、真诚真实、经济实惠、感恩、专注创新等。如果能够在视频中展现企业强大的生命力和发展前景，那么产业链的上下游就会更加相信企业的未来。

2. 改善企业产品品质，塑造品牌的价值

如今，各个行业的竞争对手都非常多，如果想要让自己的产品或服务脱颖而出，就只能让自己的产品与众不同，营销型短视频只说一个卖点，可以让客户先认知产品的价值，再接受其价格，从此让销售变得更省心、省力。

例如，《极限多米诺》是一部将"极限"作为主题的营销型短视频。短视频中展示了一连串的极限运动和精心设计的关卡，使得整个广告内容犹如多米诺一样具有连锁反应，然后将产品的特点和优势展现出来。在视频的尾端，一名男子乘坐带有红牛品牌标志的直升机飞上天空，再次点出产品"挑战界限"的理念，如图11-8所示。

图11-8　红牛创意广告《极限多米诺》

> **专家指点**
>
> 从这个案例中可以看到，营销型短视频更能表达"企业核心竞争力"，其创作重点主要放在产品、服务、团队及企业文化4个方面，企业可以在视频中更加直观、立体地全面展示自己的好产品、好服务及优秀的企业文化和工作团队。

3. 成为企业的"销售员"，实现自动化销售

营销类短视频一般而言是比较直观的，而且互动性较强，例如很多企业在微博等社交平台上发布短视频时都会通过赠送礼物、抽奖等方式与用户进行互动。同时，营销型短视频也会使得商品的转化率有所提升。

这些特点使得营销型短视频具有了成为企业在线"销售员"的潜质，并有利于企业产品和服务在网络上进行自动化销售，也就是说，发布营销型短视频能够大大提升企业产品的销量。那么这些优势到底从何而来呢？实际上，除了营销型短视频本身的显著特点，还有由这些特点衍生出来的价值，例如营销型短视频可以对企业的相关信息进行准确的传播。那么具体传播了哪些信息内容呢？笔者将其总结了一下，如图11-9所示。

```
营销型短视频 ── 传播信息内容 ┬── 企业的相关经营理念，文化层面的传达
                          ├── 企业的主要产品特色，基础信息的传递
                          ├── 企业的典型实战案例，实际经验的传授
                          └── 企业获得的顾客反馈，真实评价的展示
```

图11-9 营销型短视频传播的信息内容

以淘宝某服装品牌店为例，为了提升自己的产品销量，它大量使用短视频展示产品的各个方面的细节，让顾客更加直观地感受产品，从而产生购买的欲望。图11-10所示为该服装店的短视频。

图11-10 服装店的短视频

消费者既可以通过点击短视频右下方的黄色链接查看商品的详细细节，还可以进入动态内容，与商家进行互动，然后购买。

除此之外，消费者还可以将短视频内容与好友分享，从而使得商家的产品传播得更加广泛，有利于扩大商家的品牌影响力，实现企业产品的自动化销售。分享短视频动态的途径比较多，主要是流量庞大的各种社交平台，如微信、QQ、微博、支付宝等，也可以直接复制链接或者扫二维码来传播营销型短视频。

这个传播的关键还是在于商品，只是展示商品的形式发生了变化，以前是以图片和文字为主，现在则是更加直观和动态的短视频。

> **专家指点**
>
> 由此可见，营销型短视频更能吸引客户的关注，使得他们自动分享和传播产品和服务，从而有效促进企业产品的销售。在这个过程中需要注意的是，企业要保证营销型短视频的内容质量，此外，不断拓宽传播的渠道也是值得重视的一点。

4. 富有震撼力、冲击力，吸引用户的目光

营销型短视频的优势数不胜数，但其给人最为显著和直观的感受就是富有震撼力和冲击力。那要从哪些方面去做，才能让营销型短视频更富张力呢？笔者将其方法总结了一下，如图11-11所示。

```
             让营销型短视频更富张力的方法
    ┌────────────────────┼────────────────────┐
制作优质的内容，保证质量   配备优秀的介绍，简短有力   突出自身的特色，要有差异化
```

图11-11 让营销型短视频更富张力的方法

而且，营销型短视频的这一点优势还可以从宣传整体、展示细节、直观全局及细观局部等4个板块体现出来，意思就是企业在打造与产品相关的短视频内容时，要谨记从这四个方面去思考、去完善。

以主打家居产品的宜家为例，其推出的营销型短视频就以大胆的创意、梦幻的色彩风格、简洁直观的讲解为主，给受众带来了极大的视觉冲击力和震撼力，并留下深刻印象，如图11-12所示。

图11-12 宜家梦幻风格短视频《Beds》

> **专家指点**
>
> 营销型短视频的这一优势不仅可以提升产品的销量,而且还能够帮助企业打响品牌、树立口碑,是不可多得的优势之一。企业要学会好好利用,从而提升短视频的营销效果。

11.1.4 不同内容,选择合适合理的发布时间

很多自媒体在发布内容的时候,都会挑选合适的时机,如圣诞节和元旦节临近之际,很多大V都会傍着这个热点去生产内容;又如网络上出现了某种热点新闻和词汇,很多内容生产者在打造内容的时候也会借鉴和参考它们。

图11-13所示为"Pan式爱美哲学"在微信公众平台上发布的关于季节性的穿搭技巧,正值秋冬之际,用户们需要的也是这方面的内容。

图11-13 Pan式爱美哲学发布的季节性穿搭技巧

而在发布短视频内容的时候,也需要根据内容的不同选择合适的时机,这个时机,可以是一天之内的时机,也可以是季节性的时机。例如,如果是关于如何制作美味早餐的短视频,较为合适的投放时间就是一天的早上;如果要发布关于心灵鸡汤或者励志故事的短视频,就适合在夜深人静的时候发布。

营销型短视频也是如此,如果在元旦节发布关于中秋节的短视频内容,就会造成一种文不对题的感觉,这样发布出来的短视频内容一般很难引起受众的注意,也更别提促进商品的销售了。

图11-14所示为火山小视频上用户发布的内容,由于正值平安夜和圣诞节之际,短视频的内容也少不了追随热点,如"送苹果""与圣诞树合照"等活动都成为了用户的目光集中点。由此可以看出,发布短视频内容的时机是相当重要的,而且值得注意的是,时机的准确和内容的打造要相辅相成,不要看到热点就往上扑,而应在精心的打磨后推出优质内容,要有热点前瞻性。

图11-14 根据不同时间发布的短视频内容

11.1.5 深挖背景，打造富含情感的品牌故事

在打造优质的营销型短视频时，要尽量向客户传达重点的信息，这里的重点不是营销人员认为的重点，而是客户的需求重点。那么，究竟哪些信息对于客户而言是迫切需要了解的信息呢？笔者将其具体内容总结了一下，如图11-15所示。

客户想要了解的信息 — 包括：
- 企业文化精神：思想建设、团队风气、组织纪律等
- 企业相关视频：原料采集、生产过程、会议记录等
- 产品具体功能：满足需求、命中痛点、实际用途等
- 产品客观评价：客户反馈、主观介绍、不同角度等
- 产品的差异性：特色亮点、显著差异、出众之处等

图11-15 客户想要了解的信息

在营销型短视频中传递这些信息内容时，为了避免让客户产生抵抗和厌烦心理，可以采取讲故事的形式来进行展示。因为本来客户对营销型短视频就很难一下子接受，所以如果企业在打造短视频时能够充分掌握客户爱听故事的这种心理，就能更加轻松地传递出自己的特色信息。

不同于单调死板的介绍，讲故事的方式能够很好地吸引住客户的注意力，让他们产生情感共鸣，从而更加愿意接受短视频中的信息。而且，故事与企业、产品、客户都密切相关，也就更容易打造成故事的形式。

专家指点

每个事物都有故事,而人们也喜欢倾听故事,从小时候看童话和寓言故事到长大了看电视剧、电影,人们一直都在聆听、观看别人的故事,因为人总是不满足于自身的故事,因此渴望从别人的故事中看到不一样的东西。因此,讲故事的方式容易抓住客户的痛点,使用得当会有意想不到的成效。

所以,企业想要打造出受人欢迎和追捧的营销型短视频,就应该从各个角度考虑、分析如何更好地用讲故事的方式来表达,如图11-16所示。

创业人生	可以在营销型短视频中添加讲述企业创始人的故事,以引起客户的注意
产品价值	围绕产品价值讲述故事,加入一些小创意,吸引客户眼球
品牌故事	品牌故事的表达可以借助情景剧的形式来进行,关键是要留下深刻印象
客户反馈	客户的反馈是很多客户都关注的问题,因此企业要用真实案例来讲述
企业发展	企业的发展历程也可以用平易近人的故事形式来表达,不过要注意真实性,不可随意编造

图11-16 用讲故事的方式打造短视频

以海蓝之谜(La Mer)为例,它的营销型短视频就是通过讲故事的方式表达的,其中不仅带入了代言的故事,也融入了产品的特点,二者合而为一,相得益彰,如图11-17所示。

图11-17 海蓝之谜用讲故事的方式推广品牌

11.1.6 创意营销,有效增强短视频的趣味性

除了利用讲故事的方式来制作营销型短视频,还可以在创作营销型短视频时添加一些趣味,以吸引客户的注意力。因为单单保证视频的质量还不够,重要的是让客户在观看了短视频后主动分享给身边的人,这样才会达到更好的传播效果。

那么,在向营销型短视频中添加趣味的时候,具体应该怎么做呢?无非就是添加有趣的情节、使用充满趣味的解说词及有新意的表达方式,总之中心不要离开一个"趣"字,因为人们都喜欢接受充满快乐和新意的事物，因此有趣的短视频总是招人喜爱的。

以Friskies猫粮趣味广告《最好的计划》为例，短视频从小猫的角度展示了获取食物的心理过程，想象力丰富，趣味十足。结尾画风一转，主人给小猫准备好了猫粮（点明主旨）小猫的作战计划也就此作罢，图11-18所示为广告的截图画面。

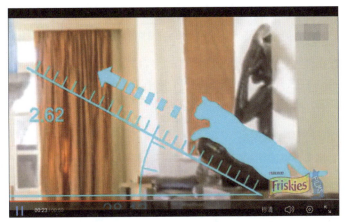

图11-18 Friskies猫粮趣味广告《最好的计划》

> **专家指点**
>
> 值得注意的是，让客户觉得视频有趣不是一件容易的事情，因为不是每个人的兴趣点都是完全一致的。因此，在向营销型短视频中添加趣味的时候要仔细琢磨，最好从各个方面综合考虑，有针对性地进行趣味的添加。

11.2 病毒型短视频，快速引爆流量

病毒型短视频是病毒式营销的延伸和拓展，在当前这个信息爆炸、生活节奏加快的时代，想要充分利用人们的碎片化时间进行信息的传递，就应该学会通过打造病毒型短视频的方法来吸引流量，从而赢得人气，推动产品的销售。与其他类型的短视频不同，病毒型短视频的显著特征就是"传播迅速"，这一特点也是它的优点，他可以带动庞大的流量，有效提升产品的销售量。

11.2.1 初步了解病毒型短视频传播之快

病毒型短视频属于病毒式营销的一种衍生物，是短视频营销的高级形式。它为了实现更为广泛的传播而生，通过打造富有创意的短视频，将品牌巧妙植入内容之中，由此产生客户口碑，再借助口碑对产品和品牌进行宣传和推广。

无论是在视频营销还是在网络营销中，病毒型短视频营销都占据着举足轻重的地位。一个优质的病毒型短视频是快速引流的有效武器，因为它既具有直观、便捷等优势，又能抓住用户的需求。值得注意的是，利用病毒型短视频进行营销的过程也相当方便快捷，大致的操作步骤如图11-19所示。

```
将已经制作好的短视频上传到视频平台上
          ↓
将相关链接复制到社交平台或企业官网上
          ↓
用户获取相关信息后主动进行分享转发
```

图11-19 病毒型短视频营销的大致步骤

在这里，比较重要的一步就是将病毒型短视频发布到不同的社交平台上，因为这一步关系到有没有人观看你精心打造的短视频。因此，我们需要了解有哪些社交平台适合发布病毒型短视频，下面笔者将详细为大家介绍几种热门的社交平台。

1. 微博——庞大流量的社交平台

众所周知，微博是目前较为热门的社交平台，它已经成为人们娱乐消遣平台的不二选择。最重要的是，微博上的流量十分庞大，随手点开一条微博都会有几千甚至上万的点赞量、评论量和转发量。因此，在微博上发布短视频也能够吸引不少的流量，以便将信息传播到更广的范围。如图11-20所示为发布到微博上的热门短视频《陈翔六点半》，点赞量已经破万。

图11-20 微博热门短视频《陈翔六点半》

2. 朋友圈——生活分享的巨大社区

朋友圈是微信特有的分享生活点滴的社交平台，因为其简洁、大方的设计和实用的功能已经得到了很多用户的认可。

通常而言，发布在朋友圈里的信息传播速度也是相当快的，而且微信中的好友大部分熟悉程度较高，更愿意接受你发布的内容。因此，将富有创意的短视频通过朋友圈分享给身边的亲朋好友也不失为一个好的选择。

3. 论坛——志同道合者的聚集地

论坛的流量是比较大的，因为它聚集了很多志同道合的用户，在这里发布短视频得到广泛传播的概率也更高一些。当然，重要的还是精准投放，即要找准不同内容的短视频的位置，不能一味地广撒网，浪费时间、资源和财力。图11-21所示为豆瓣专门打造的短视频专栏，短视频内容的投放直接汇集到这一个板块之中，一来浓缩了精华内容，二来更容易形成病毒式的传播。

图11-21 豆瓣的短视频专栏

11.2.2 4个特征，让短视频呈病毒式扩散

了解了病毒型短视频的基本定义，接下来就要深入了解它的主要特点，对于病毒型短视频而言，其特点就在于传播快、内容短、成本低、效果好4个方面，可以说既是特色之处，也是优势所在。那么，这4个特征具体又是怎样的呢？下面将笔者详细介绍。

1. 传播性强，环环相扣扣人心弦

病毒型短视频的基本特征就是传播性强，从名称——"病毒型"就可以看出来。病毒的传染力是相当强的，例如流行性感冒病毒传播的时候，只要一个人感冒，那么它身边的人也会被传染，经过不断传染，最终影响到的人可能多到无法想象。

病毒型短视频也是如此，只要浏览的人数达到一定程度，就有可能影响更多的人，让他们对短视频的内容产生认可和赞同。图11-22所示为二更视频发布的传播性强的短视频。

图11-22 点赞、评论、转发量大的短视频

专家指点

值得注意的是，病毒型短视频的传播还与其内容密切相关，传播得更快的短视频通常具有容易引发认同感、内容积极向上、带有令人惊喜的元素等特点，因此，如果想让短视频传播得更为快速，就要抓住内容打造这一块。

2. 内容较短，很容易被观众接受

病毒型短视频还有一大特点就是时间短，这也是短视频本身的特征。那么，为什么时间短的视频更容易成为病毒型短视频呢？一是因为它比较适合如今越来越流行的快节奏生活，二是因为移动互联网、移动设备等硬件条件的支持，三是用户也更愿意观看和分享内容时间较短的视频内容。

如著名的短视频平台"一条"，它发布的视频都控制在6分钟左右，而且浏览量也不小，很好地诠释了病毒式短视频的特征，如图11-23所示。

图11-23 "一条"短视频平台

3. 用于传播，成本一般不会太高

因为制作病毒型短视频是为了快速地传播，所以要求相对于微电影和营销型短视频要低一些，因此成本也要低一些。

正因为目的、内容的要求不同，所以病毒型短视频的制作成本更低，这也是大多数自媒体热衷于制作短视频的原因。而且，病毒型短视频的传播效果也较为显著，与其传播速度可谓相得益彰，互相呼应。

4. 用时较短，可形成强烈的反响

病毒型短视频还能在较短的时间内引起不小的反响，成功吸引广大用户的注意力，之所以有这样的效果，一是因为它能够自发传播，二是因为它内容有趣、题材多样，三是它往往选取的都是引发大众共鸣的内容题材。

以著名的短视频达人"办公室小野"为例，他们致力于打造有趣好玩的美食类短视频，并凭借出其不意的烹饪方式、强大的想法和创意，成功地打造出了一系列妙趣横生、广受好评的短视频内容，图11-24所示为其发布在美拍平台上的短视频内容。

图11-24 办公室小野的美拍短视频

除了在美拍平台上进行传播，其短视频还在其他的平台，如微博、今日头条等上广泛传播开来，而且还得到了不错的反响。

11.2.3 高超表演，让观众感到不可思议

对于受众而言，一些高超、新奇的表演特别能够吸引他们的眼球，因为他们会产生一种敬佩的情感，而且人们往往喜欢观赏那些挑战极限或者闻所未闻的事物的短视频。这些高超、新奇的表演涵盖了很多不同的类型，如舞蹈杂技、手工技艺、书法绘画等，这些不是一朝一夕就能练成的，需要时间的打磨。

图11-25所示为美拍上的用户发布的有关舞蹈的非凡技艺的短视频，不仅展示了用户的表演难度之高，而且还从侧面反映出这种表演形式可能需要以年计算的努力训练。

图11-25 美拍上的舞蹈技艺短视频的画面

正因为高超的技艺不是人人都拥有的,所以观众才乐意观看。而且,他们还会主动把这种类型的短视频推荐给身边的亲朋好友,或者通过社交平台分享给网友,因此这类短视频就会呈病毒式传播,得到很多人的认可和喜爱。

> **专家指点**
>
> 但是,高超的技艺虽然能够快速地吸引眼球,但短视频绝不能为了吸引观众的眼球而采用一些错误导向的内容,必须严格遵守相关规定,有秩序、高标准地打造病毒型短视频。

11.2.4 借助热点,全力包装打造短视频

无论什么短视频,都需要借助热点来给自己增加人气。因为大多数人都是喜欢追赶潮流的,也爱关注热点,看看微博上各种热门话题就可以知道人们对热点的关注度之高,如图11-26所示。

图11-26 微博上的热门话题

从图中可以看出,热门话题的谈论量相当巨大,少则上万,多则上亿,而且热点还会每10分钟更新一次,可见热点的作用之大。因此,短视频也可以借助热点来打造自己的内容,变得更加火爆,如紧跟热点新闻、抓住热点新闻等,总之就是抓住受众的主要需求。人都是有好奇心的,

对很多热点和隐秘的事件都有一探究竟的想法,因此,借助热点来打造短视频自然能得到广大观众的追捧和喜爱。

例如微博上有一个人气博主"Bigger研究所",就专门围绕热点事件或者网友感兴趣的问题做一些短视频,不仅吸引了大量的用户浏览,而且还赢得了不少粉丝的支持和赞赏。图11-27所示为该博主发布的关于iPhone X的短视频,同时还添加了"王者荣耀"这一热点。

图11-27 Bigger研究所的热点短视频

11.2.5 制造话题,通过噱头炒作短视频

想要打造出受人欢迎的短视频,就应该努力为短视频造势,学会制造话题。制造话题也就是"炒作",在这个信息大爆炸的时代,想要让你发布的内容得到广泛的关注,需要利用"炒作"这一技巧。

我们在娱乐新闻中经常听到"炒作"一词,人们普遍认为这是一个带有贬义的词语,但其实不然。炒作的含义是为了扩大影响而反复持续地通过各种方法进行宣传,炒作是需要智慧和毅力的,没有炒作就难以得到广泛的关注,有了炒作才有更大的概率成为火爆的关注对象。那么,炒作的要点有哪些呢?笔者将其具体技巧总结了一下,如图11-28所示。

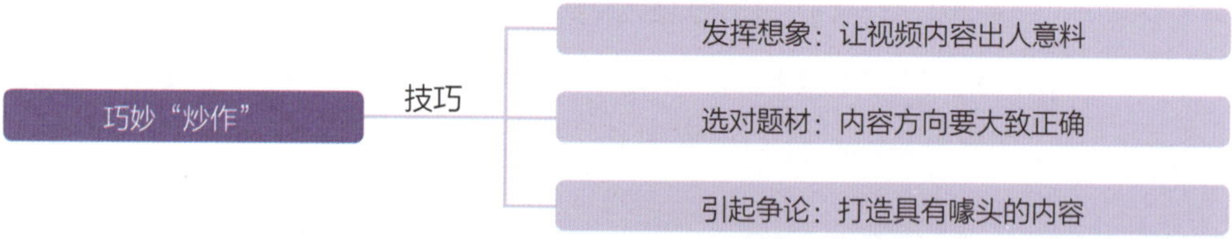

图11-28 巧妙"炒作"的技巧

图11-29所示为发布在美拍上的一则具有"炒作"性质的短视频内容,主要是标题——"17秒自己在家做沙琪玛"充满了噱头。虽然可能自己确实能在家独立完成沙琪玛的制作,但显然不可能每个人都能达到17秒的境界,因此这则短视频显然是想要吸引用户去点击观看,才取了这样一个充满诱惑力的标题。

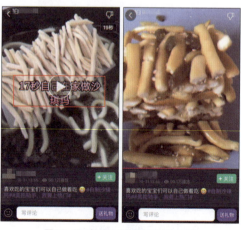

图11-29 美拍上制造噱头的短视频

实际上，"炒作"与事件营销有异曲同工之妙，目的都是一致的。不可否认，"炒作"带来的传播效果确实要比一般的宣传方法显著得多。不管是电视剧、电影，还是电视节目，都需要通过"炒作"来获得关注，从而实现良好的传播效果，短视频也是如此。

11.2.6 幽默搞笑，让快乐感染每一个人

欢乐是人们最乐于分享的事物，如果一个短视频做到了让观众忍俊不禁，发自内心地感到开心，那么这个短视频就已经获得了成功。而且搞笑的短视频更容易传播开来，得到更多人的关注，人们也愿意和他人分享快乐。

那么，应该如何让短视频达到搞笑的效果呢？笔者认为诀窍在于抓住大众的共同笑点、选择正确的题材，并进行相应的微创新。

> **专家指点**
>
> 幽默搞笑是病毒型短视频的必备因素之一，可以说，要成功地得到大众的青睐，就应该学会怎么幽默，幽默是一种技巧。在短视频中添加搞笑元素的时候，要注意把握着搞笑的"度"，这样才能打造出真正受欢迎、传播更广的短视频。

以papi酱的短视频为例，它的短视频内容总是能以幽默的表演方式、搞笑的配音及紧跟热点的题材赢得广大网友的关注，也带给网友不少的欢乐，使得其创造的短视频呈病毒式不断四处传播，而且更加火爆。图11-30所示为papi酱的短视频，从其内容的点赞量、评论量及转发量来看，是非常成功的短视频案例。

图11-30 papi酱的短视频

11.3 微电影短视频，增强品牌认同感

微电影作为短视频的中流砥柱，不仅情节完整，剧情跌宕，而且还能唤起观众的情感共鸣，是提升营销效果的有效手段。本节将从微电影的定义、特点等角度来全面解析这种独特的短视频类型，还会提供案例以供参考。

11.3.1 初来乍到，何谓微电影短视频

微电影主要是为新媒体行业服务的微型电影，又可以叫作"微影"。它的内容通常都是拥有完整情节的故事，而且在制作方面有专业的团队，至于表现形式，则可分为单独成片和系列成片两种。

此外，微电影的内容还涵盖了很多不同的类型，如幽默搞怪、时尚前卫、公益教育及商业营销等。微电影拥有一般电影的几大要素，即时间、地点、人物、情节和主题，其产生和发展的原因有如图11-31所示的几点。

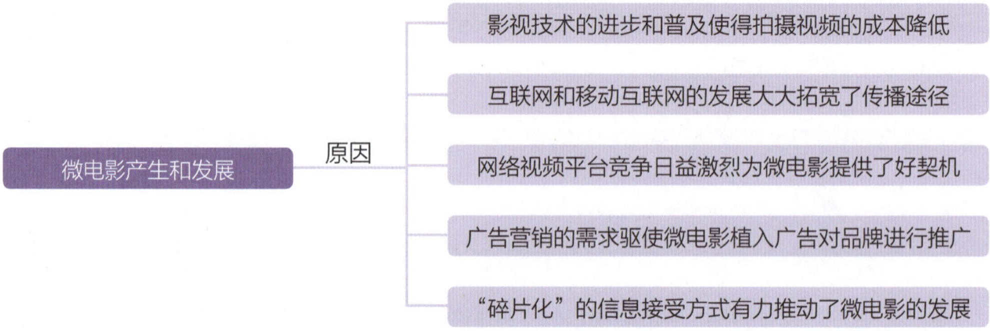

```
                            ┌── 影视技术的进步和普及使得拍摄视频的成本降低
                            │
                            ├── 互联网和移动互联网的发展大大拓宽了传播途径
                            │
  微电影产生和发展 ── 原因 ──┼── 网络视频平台竞争日益激烈为微电影提供了好契机
                            │
                            ├── 广告营销的需求驱使微电影植入广告对品牌进行推广
                            │
                            └── "碎片化"的信息接受方式有力推动了微电影的发展
```

图11-31 微电影产生和发展的原因

11.3.2 3个特点，一语道破真实本质

众所周知，微电影是一种比较特殊的短视频类型，一是因为它与电影有着极高的相似度，但又不是真正意义上的电影，二是它与其他的短视频类型不同，通常有着完整的故事情节，而不是即兴的短片，蕴含的情感和寄托比较深刻。那么，微电影短视频究竟有哪些特点呢？下面笔者将详细介绍。

1. 特点1——贴近生活，真正地回归大众

由于微电影具有时长短、制作周期短的特殊性质，因此它的内容创作与传统的电影相比较而言更加自由，可以敞开想象，做出大胆的内容策划。微电影内容自由的好处有很多，如可以与观看者进行深入互动、精确掌握观众的喜好、情节设计也更加灵活。

而微电影内容上的普遍特点就是更加"接地气"，贴近人们的真实生活，主要是为了唤起普通人的共同情感。因此，微电影通常会以青春、亲情、励志、感人等为主题，目的就是让更多的普通大众从影片中看到自己的影子，体会到与自己相似的人生体验，从而更加热衷于观看微电影。人人都有感性的一面，也有释放情感的需求，微电影提供了这样一个合适的平台，以供观众寻找到真实的自我。

以新百伦青春治愈爱情微电影《伤心料理》为例，其主要围绕打着赤脚为客人做菜的老板讲述了一个爱情故事，延续了"青春永不褪色"的品牌理念，同时也将失恋讲述得温情而治愈，让不少处在同样年纪的观众也感同身受，颇有感触。图11-32所示为《伤心料理》的画面截图。

图11-32 新百伦青春治愈爱情微电影《伤心料理》

2. 特点2——表现创新，传统电影的精华版

微电影与传统的电影相比较，内容更加浓缩，因为要展示一个完整的故事，所以几大要素不可缺少。可以说，微电影是对传统电影形式的创新，因此在情节的处理上会更加集中于体现矛盾和冲突，让故事情节更加环环相扣、一波三折。

微电影的这个特点使得它具有了传统电影所不具备的优势，即"浓缩就是精华"。其实，很多观众并不喜欢看过于高深或者很拖沓的影片，相反，一部情节紧凑、故事完整、波澜起伏的微电影才是大多数人所热衷的。

例如《求职测谎仪》就是情节浓缩的微电影典型，而且故事情节还十分幽默，结局也出乎人们的意料，图11-33所示为该微电影的画面。

图11-33 情节紧凑的微电影《求职测谎仪》

3. 特点3——引起共鸣，迎合现代人的情感

微电影还有一个特点，就是从内容方面来看，能够唤起人们最真实的情感，符合当下主流人

群的情感需要。不少的人可以从微电影中得到精神享受，它还能带给观众关于人生各方面的思考。

例如微电影《父亲》，它围绕父爱讲述了一个温馨感人的故事。由其中的剧情，观众也想到了自己的父亲，以及父爱的无私和伟大，产生了情感共鸣，如图11-34所示。

图11-34 微电影《父亲》

11.3.3 丰富剧情，更加吸引观众目光

想要通过微电影进行营销活动，得到人们的关注和认可，就需要注重内容的打造，让人们主动去分析和讨论剧情。总的来说，利用微电影营销的重点主要体现在内容的打造上面，一是要有趣，二是要有情节。

随着微电影的不断发展，各式各样的微电影层出不穷，内容质量也是参差不齐。为了让观众能够对微电影产生兴趣，主动宣传和推广微电影，就应该从内容、情节、手法等方面着手，大力提升微电影的质量水平。

例如微电影《态度娃娃》讲述的是一个名叫艾利的女孩在自我与他人期待中逐渐迷失的一生，剧情跌宕起伏，发人深省，制作相当精良。图11-35所示为《态度娃娃》的画面。

图11-35 《态度娃娃》画面

> **专家指点**
>
> 拥有丰富剧情的微电影总是更加吸引观众的目光,因为人人都喜欢看一波三折的故事,而不是平淡如白开水一样的故事。因此,在策划微电影的时候,一定要注意剧情的设置和安排,不能敷衍了事。

11.3.4 趣味情节,各种元素抓人眼球

微电影想要变得有趣,吸引观众的注意力,就得抓住广大观众的心理需求。一般来说,可以从以下3个方面来做。

1. 创意满满

首先,变得有趣的诀窍就是要给微电影加入创意。很多微电影打着相差无几的旗号,拥有类似的情节和内容,很难吸引观众的兴趣,尤其是在现在这个微电影发展得比较成熟的阶段。以斩获无数大奖的哲思短片《背影故事》为例,它记录了一个男孩成长为男人的过程,其中带来的爱情、亲情、欢乐、痛苦等情感展现得淋漓尽致,创意点就在于影片开始很长时间内都是以男主角的背影示人,图11-36所示为《背影故事》的画面。

图11-36 《背影故事》画面

该微电影虽然情节平淡无奇,但在剧情的发展中却让我们看到了创意所在,同时也成功引起了广大观众的情感共鸣,称得上是一部佳作。

2. 怀旧之情

人们长大成人后,承担着生活的压力和琐碎的烦恼,自然会对过去的事情产生一种怀念之情。因此,在微电影中添加怀旧元素也是打造故事情节的一种方法,值得尝试。

例如《剃头师傅》这一微电影,以"剃头师傅"这一带有怀旧色彩的职业为切入点,讲述了动人的邻里故事、父子之间的深厚情感,同时也勾起了人们的儿时回忆。图11-37所示为《剃头师傅》的画面。

图11-37 《剃头师傅》画面

3. 幽默搞笑

有趣的情节还离不开幽默元素的点缀，人们在生活中为了放松身心，舒缓压力，往往都会观看幽默搞笑的视频。因此，为了让微电影更加吸引人，更加有趣，就应该植入幽默搞笑的元素，让观众在观看影片的同时得到全身心的放松。

以林氏木业在"双十一"之际推出的品牌微电影《佛山无影林凌七》为例，该微电影既有无厘头的台词和有趣的情节，同时又巧妙地推广了林氏木业品牌，图11-38所示为《佛山无影林凌七》的画面。

图11-38 《佛山无影林凌七》画面

总的来说，想要使情节有趣就需要从以上3个方面来努力，当然，还有一些技巧也可以使用。比较重要的就是把握观众的心理需求，时刻关注他们的情感取向，从而达到微电影的营销效果。

11.3.5 热点话题，全面引发大众热议

微电影如果要想吸引庞大的流量，就应该有效地借助热点来打造话题，紧跟潮流，这样做的好处有两点，具体内容如图11-39所示。

话题性强	充满话题性的微电影更能打动人心,从而引起热烈讨论,传播范围更广
能上热搜	热点可以帮助微电影上热搜,在搜索过程中能带来巨大的流量

图11-39 微电影借助热点的好处

而且,热点还包括不同的类型,涵盖了社会生活的方方面面,如社会上发生的具有影响力的事件或者有意义的节日、比赛等,还有一些娱乐新闻或者电影电视剧的发布也是热点的一部分。

百事为打响品牌,推广产品而制作的《把乐带回家》微电影就是借助热点的典型案例,它紧扣"春节"这一热点,讲述了一群陌生人在冰天雪地的环境中互帮互助,最终回到家的故事。图11-40所示为百事《把乐带回家》的画面。

图11-40 百事《把乐带回家》画面

11.3.6 明星效应,轻松获得粉丝追捧

明星在微电影中的作用也是不容忽视的,粉丝和媒体的力量十分强大,能够让微电影变得更加引人注目。从微电影诞生起,明星就已经参与其中了,如《一触即发》就是由著名演员吴彦祖主演的。而在后来微电影的发展过程中,也有不少的明星出演了微电影。

例如康师傅为了宣传和推广品牌,紧跟热点,特别邀请著名演员李易峰出演了微电影《加你加年味之舞狮篇》,以"和最亲的人,过最酷的年"为主题,打造了系列微电影,吸引了大量粉丝关注。图11-41所示为《加你加年味之舞狮篇》的画面。

图11-41 《加你加年味之舞狮篇》画面

第 12 章

营销推广，踏上视频变现崭新之路

短视频营销要想成功，不仅要有优质的短视频内容，还需要有高人气的推广平台和高效率的营销策略，这样才能使得短视频营销的效果实现最优化。本章将从推广、营销、评估监测、新玩法等几个角度来分析如何进行有效的短视频营销，从而让变现拥有更多可能。

第 12 章 营销推广，踏上视频变现崭新之路

12.1 6种渠道，让推广变得轻而易举

一个内容优质的短视频打造好之后，如果没有及时对其进行宣传和推广，就很有可能错失变现赢利的好机会。对于处在新媒体这个大环境中的短视频而言，推广的平台和渠道是至关重要的，试想，如果千里马没有被伯乐赏识，又怎么能够发挥出自己的才能呢？短视频也是一样。

因此，本节将专门介绍几种典型的推广渠道，并简单介绍推广的大致流程，以供大家在推广短视频的过程中借鉴和参考。

12.1.1 同步推广，绑定平台一键搞定

在上传了短视频之后，短视频自身会进行自我推广，但这种推广方式的作用不是很显著，要想让更多人看到你的短视频，还应多多进行同步推广。同步推广是什么意思呢？也就是让你的短视频在各大平台上出现，让更多的受众观看到你的短视频。那么怎样进行同步推广呢？最简单快捷的方式就是在上传视频的时候，同时将其与其他平台绑定，做到同步分享。下面为大家介绍具体的推广方法。

首先是做一些准备工作，其中最重要的是申请账号。其次，准备好账号之后，就开始对社交平台和账号进行全面的绑定。以抖音平台为例，具体步骤如下。

步骤01 先登录抖音账号，进入"我的主页"，❶点击"…"图标，会出现4个选项，如图12-1所示，❷接着点击"设置"按钮。

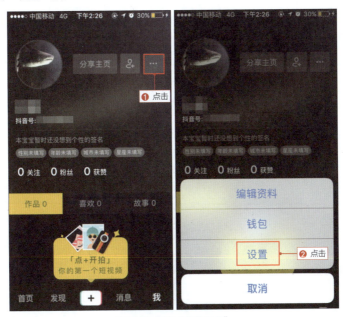

图12-1 抖音"我的主页"

步骤02 执行上述操作后，会进入如图12-2所示的设置界面，❶点击"账号管理"按钮，进入如图12-3所示的界面，❷分别点击第三方平台并输入账号即可完成绑定。

　　　　图12-2 设置界面　　　　　　图12-3 账号管理界面

专家指点

绑定第三方平台的好处体现在两个方面：一是可以让更多的人看到你发布的短视频，增加人气；二是你在登录抖音的时候可以用不同的社交账号登录，上传、分享视频更加便捷、高效。

12.1.2 站外推广，简单操作一步到位

　　除了同步推广，还有一种有效的推广方法就是把短视频的内容分享到站外。下面以优酷为例，介绍站外推广的具体步骤。

步骤01 上传了视频之后，我们可以进入视频的播放页面，注意画面的左下方，点击"分享给朋友"按钮，如图12-4所示。

图12-4 上传视频页面

第 **12** 章 营销推广，踏上视频变现崭新之路

步骤 02 执行上述操作后，会弹出不同形式的链接和分享平台，如图12-5所示，直接单击代码旁边的"复制"按钮，就可以把视频的网络代码直接复制到站外。

图12-5 视频代码

步骤 03 接着会弹出如图12-6所示的对话框，提示视频链接已经可以直接粘贴到想要推广的平台中了，单击"确定"按钮即可。

图12-6 复制视频链接

步骤 04 打开博客的编辑页面，按Ctrl+V键将视频链接粘贴到文本框中即可完成站外推广，如图12-7所示。

图12-7 将链接粘贴到博客中

267

12.1.3 贴吧推广，专属社区花样百出

百度贴吧是为拥有相同兴趣爱好的人群打造的一个专属社区，聚集了很多人群，是全球最大的中文交流平台。贴吧聚集的人群也就是流量，是推广短视频的绝佳场地，能够很好地引流。在完成短视频的上传工作后，可以把视频地址发布到跟产品或服务相关的贴吧里去，例如关于护肤品的视频可以发到美容的贴吧里，具体的操作方法有两种，下面详细介绍这两种推广的方法。

1. 直接分享——便捷操作，高效推广

将短视频上传到视频平台上后，可以通过各种途径进行分享，贴吧也是其中之一，具体的分享流程如下。

步骤 01 上传了视频之后，我们可以进入视频的播放页面，可以看到在"分享给朋友"后面有一些图标，单击"更多"按钮，就会弹出微信、贴吧、豆瓣等图标，如图12-8所示。单击"贴吧"图标。

图12-8 单击"贴吧"图标

步骤 02 执行上述操作后，会跳转到转贴的页面，填写你要转贴到的贴吧，然后写出分享的理由，单击"发表"按钮即可，如图12-9所示。这样就可以明确受众，进行高效推广了。

图12-9 转贴的页面

2. 复制链接——事先准备，针对宣传

这个方法稍微复杂一些，与把视频分享到博客上有些类似，具体步骤如下。

第 12 章 营销推广，踏上视频变现崭新之路

步骤 01 进入想要推广的具体的贴吧的发贴页面，如图12-10所示，单击"视频"按钮。

图12-10 发贴的页面

步骤 02 执行上述操作后，会弹出"发布视频贴"的界面，这时我们可以选择添加链接的方法来发帖，单击"添加链接"按钮，如图12-11所示。

图12-11 单击"添加链接"按钮

步骤 03 接下来，会显示"插入视频地址"的界面，将链接粘贴进去，单击"确认"按钮，如图12-12所示，就可以成功上传视频至贴吧中了。

图12-12 插入视频地址

269

> **专家指点**
>
> 总的来说，贴吧推广有两大得天独厚的优势，这两个优势也是基于贴吧本身的人气聚集的性质。一是对视频的保存有所帮助，因为上传到贴吧中后不必担心丢失；二是有很多不同类型的贴吧，每个贴吧里的成员都是因为感兴趣的话题或事物而聚集在一起的。因此，在贴吧中推广短视频会获得更加显著的效果。

12.1.4 论坛推广，相同爱好针对性强

论坛推广与贴吧推广有些类似，因为平台性质的差异性不大，都是以兴趣爱好为基础。值得注意的是，利用论坛进行短视频宣传的时候，一定要对论坛进行有标准的挑选，一是论坛的内容最好与产品相关，二是论坛本身要有价值和影响，三是论坛具备较高的权重。

以豆瓣社区为例，想要在豆瓣上进行短视频推广，一种方法是单击视频下方的按钮直接分享，前文里已提到过，这里就不再赘述。这里主要介绍怎样在豆瓣社区中推广短视频，具体步骤如下。

步骤 01 进入豆瓣社区主页，在已经登录了账号的前提下，单击"写日记"按钮，如图12-13所示。

图12-13 单击"写日记"按钮

步骤 02 接着会弹出写日记的页面，单击"插入视频"按钮，如图12-14所示。

图12-14 单击"插入视频"按钮

步骤03 接下来，页面中会提示你输入视频播放页的地址，只要输入上传的视频的地址，再单击"确定"按钮就推广成功了，如图12-15所示。

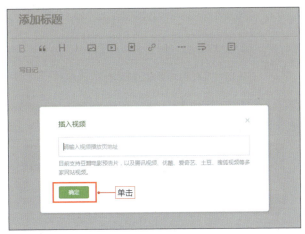

图12-15 输入视频播放页地址

步骤04 执行上述操作后再适当添加文案，接着会弹出如图12-16所示的日记设置界面，添上标签、设置权限之后，再单击"提交"按钮即可。

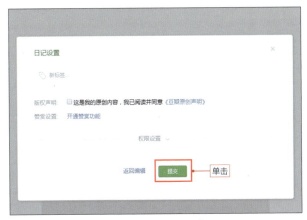

图12-16 添加标签并设置权限

12.1.5 社群推广，巨大流量有利可图

社群推广是一种比较简单的推广方式，同时也比较机械和死板，但不可否认的是这种推广方法却行之有效。俗话说，"笨鸟先飞"，这种推广方法虽然看似愚笨，但只要脚踏实地，一步一个脚印，就一定会得到满意的推广效果。

值得注意的是，社群的流量十分庞大，容易形成病毒式的传播，例如，微信朋友圈中的短视频就能在短时间内引发较为强烈的反响，QQ群也是如此。而如今的微信公众号也正在以迅猛之势影响着广大微信用户，可以称得上是短视频推广的好去处。

以QQ群为例，其短视频推广的基本流程如图12-17所示。

```
找到可能会对产品或服务感兴趣的QQ群
            ↓
  申请入群，在群内活跃气氛、吸引人气
            ↓
  在群里发视频链接、给全部群成员发邮件
```

图12-17 利用QQ群进行短视频推广的流程

在微信这个社群平台上推广短视频有多种途径，如微信群聊，可以把所有的亲朋好友聚集起来建立一个微信群，在群中发布短视频吸引注意力，如图12-18所示。

图12-18 微信群的短视频推广

微信朋友圈也是推广的较佳平台，因为大多数用户都会频繁地用到这一功能，因此在此区域宣传短视频效果显著，图12-19所示为朋友圈的短视频推广。

图12-19 微信朋友圈的短视频推广

微信公众号是后起之秀，同时也是庞大流量的聚集地，它的指向性较强，图12-20所示为微信公众号"日食记"的短视频推广，从阅读量和点赞量就可以看出其推广效果之好。

图12-20 微信公众号"日食记"的短视频推广

12.1.6 媒体推广，方法老套效果显著

除了以上几种短视频的推广方法，还有专门为微电影设计的宣传推广方式。这些推广方式几乎囊括了所有的宣传方式，甚至是那些看起来很老套的推广方式，但效果是十分显著的。这些宣传推广形式也可以被统称为媒体推广，应用到所有的短视频推广中去，具体包括如图12-21所示的几种。

媒体报道	媒体报道的方式更加有利于提升视频的知名度，树立品牌形象
官网推荐	既可以给用户留下深刻印象，又可以向用户呈现企业拍摄视频背后隐藏的小故事
名人效应	明星、名人发布推荐视频的微博，或者随手转发视频，都会掀起一阵热潮
线下广告	线下广告通常会布置在地铁、公交车站、百货大楼外等人流集中的地方
附带活动	拍摄、宣传和推广视频时衍生出来的一系列的活动，如创意比赛、公益讲座等

图12-21 媒体推广的方式

这里提到的附带活动的目的在于提高目标受众的参与度，增强双方的互动，以让用户对视频和企业产生好感和信任感。这些活动既有丰富多彩的形式，又能给用户带来身心的愉悦，是推广视频的一种有创意的方式。

以微电影为例，以它为中心，可以拓展出很多相关活动，如微电影节、微电影大赛、微电影发布会及微电影首映礼等，这些活动都能为推广视频贡献出一份力量。

12.2 4个策略，让营销达到理想效果

介绍完了推广方式，接下来就要结合最终目的——"营销"来讨论关于营销的策略了。需要明确的是如何让资源利用率最大化，从而有效地获取收益。有些企业觉得只要拍好视频，然后随意推广出去，一切就胜利在望了，其实这是不现实的。

营销之前要考虑两个问题：第一，推广出去有没有人关注，这是关键；第二，推广是针对目标人群，还是只是广撒网，全然不顾资源是充分利用，这是痛点。企业如果没有考虑好这两个问题就开始通过短视频进行营销，那么一定不会达到理想效果。本节将通过介绍5种典型的营销策略帮助大家实现短视频的赢利，并深入分析如何经营更容易获得丰厚利润。

12.2.1 针对推广，轻松实现高效营销

如何通过短视频实现高效营销呢？很简单，只要在制作好视频后进行有针对性的推广，再结合受众的特点进行营销就可以达到理想效果。当然，在进行这两步之前，还需要对相关的因素进行考虑，下面笔者详细为大家分析。

1. 视频类别——不同类型分别推广

短视频的类别对于视频的推广效果而言是一个相当重要的影响因素，因为不同类别的视频产生的效果不同。如果想要使得推广方式的效果达到最佳，受目标人群喜爱的程度更高，就应该根据用户的喜好来使用不同的视频类别来进行营销。

那么，不同的视频类别到底具有怎样的特点，适合宣传什么方面呢？笔者将举几个视频类别的例子以供参考，如图12-22所示。

广告视频	直截了当，十分明了，让人看一眼就能知道你想要推广什么东西
微电影	注重故事情节和情感氛围，主要是为了凸显企业品牌形象
企业宣传片	一般而言比较严肃、庄重，注重历史感和创新的结合，适合展示企业实力

图12-22 不同视频类别适合宣传的类型

2. 关注人群——根据共性有效宣传

在进行视频推广的时候，应该考虑不同的人喜欢浏览什么类型的网站。显而易见，我们不能随意地将视频放在不对口的平台上进行推广，这样做的成效不高。我们也不能为了方便就在所有的平台上进行推广，这样是对资源的极度浪费。那么，究竟该怎么做呢？笔者将其流程总结了一下，如图12-23所示。

第 **12** 章 营销推广，踏上视频变现崭新之路

```
根据企业的营销目的，锁定目标受众
          ↓
利用资料，精确分析目标受众的特征
          ↓
根据受众特征，总结投放平台的要求
          ↓
全力打造以定制内容为主的视频节目
```

图12-23 根据目标受众的特征利用视频推广的流程

专家指点

在分析目标受众的特征的时候，可以从年龄、兴趣爱好、职业、地域、消费趋向、品牌认知度、工资收入等角度进行分析，同时也要注意影响视频传播的各种因素，以便实现高效营销。

3. 推广目标——明确目的选择平台

企业在平台上投放视频的时候，最重要的就是明确自己的推广目标。要达到什么目的，就选择与之相配的平台。推广目标一般以打响品牌和提升品牌认知度为主，那么，这两个推广目标应该怎么选择平台呢？笔者将其方法总结如图12-24所示。

打响品牌	选择影响力强的网站平台，如腾讯、新浪、网易、搜狐等
提升品牌认知度	选择与视频内容紧密联系的平台，原因在于这些平台的用户黏度高，忠诚度高

图12-24 根据不同的推广目标选择不同的平台

4. 平台价值——高端品质赢得保障

平台价值的高低是以平台本身的质量为基础的，质量在这里可分为"质"和"量"来看，对于平台而言，"质"代表平台的影响力、关注度、综合环境（广告、编辑、宣传等）、专一程度；"量"一般指浏览量、点击率、转发量、收入成本、退出率等。

一般来说，只要平台的质量有保障，这个平台也就具有了投放的价值和资格，因此，平台的价值也是企业在进行高效营销时需要考虑的因素之一。随着时代的进步和技术的发展，现在很多具有强大公信力的视频网站都已经掌握了针对推广、高效营销的技术，他们是怎么做的呢？具体方法流程如图12-25所示。

```
与其他视频平台达成合作
          ↓
共同记录用户的浏览情况
          ↓
分析并总结收视大体情况
          ↓
看准平台进行视频营销
```

图12-25 进行有针对性的高效营销的流程

此外，还有一种简单明了的"四问法"，可以帮助企业进行视频的精准投放，也就是提4个问题，即"谁会来看""在哪里看""要看什么"及"会看几次"，弄清楚这几个问题，也就能够进行短视频的精准投放了。

以微信为例，它投放广告的技术就十分高超、精准，因为在用户设置账户时，它就已掌握了用户的基本信息，如年龄、性别、地域等。然后它会根据用户的这些基本信息进行定位、分析，然后在朋友圈投放相关的视频广告。这种技术有效地利用了上面提到的"四问法"，同时还对这种方法进行了创新。图12-26所示为麦当劳和XSNation投放在微信朋友圈的短视频广告。

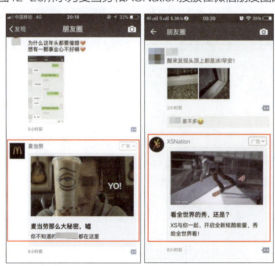

图12-26 投放在微信朋友圈的短视频广告

12.2.2　AISWS运营，5个步骤助力营销

利用短视频进行营销，需要了解一个经典高效的运营模式，即"AISWS"模式。这种运营模式一共分为5个步骤，即注意、兴趣、搜索、观看、分享，下面分别介绍每个步骤对于短视频营销的重要性，如图12-27所示。

Attention：注意	吸引用户的目光，举办新闻发布会，利用媒体宣传视频
Interest：关注	通过"炒作"的方式来引起关注，如制造热点话题、紧跟社会趋势、关注新奇事件
Search：搜索	达到让用户主动在互联网上对视频内容链接进行搜索的效果
Watch：观看	促进用户观看的方法包括与影响力大的平台合作、设置专题页面及采用置顶方式等
Share：分享	分享可以让短视频呈病毒式传播，使得短视频营销达到理想的效果

图12-27 AISWI运营模式的5个步骤

12.2.3　整合营销，线上线下一起推广

在这个移动互联网时代，每个用户使用的移动平台都不同，根据自身的习惯和兴趣爱好，有的人喜欢用微博分享喜怒哀乐或者时事新闻，有的人喜欢用QQ聊天，有的人喜欢逛贴吧看帖子，有的人喜欢看视频，还有的人喜欢在豆瓣上写日记分享感受。

正是因为移动端的繁杂性和人们使用习惯及行为的不同，才导致单一的视频营销很难取得很好的效果，因此，企业必须和其他移动平台整合才能达到营销推广的目的。例如可以在企业的网站上开辟专区，大力吸引目标客户的关注；还可以跟主流的门户、视频网站合作，提升视频的影响力。

对于互联网与移动互联网的用户来说，线下活动和线下参与也是重要的一部分。因此，企业需要通过互联网与移动互联网上的短视频营销，整合线下的活动、线下的媒体等，进行品牌传播，使短视频的线上推广达到更好的效果。

以美拍为例，它将热点功能与产品有机结合，进行了短视频与广告的整合营销。美拍联合了滴滴、美图手机、旺仔O泡果奶、高德、士力架、炫迈等9个品牌发起了"#广告也有戏#"的活动，以话题的形式引发了众多年轻用户的热烈参与和效仿，对品牌的传播起到了不可忽视的促进作用，同时还为品牌的宣传增添了创意和灵感。

图12-28所示为士力架品牌的"饿货也有戏"活动的短视频展示页面，用户们纷纷发挥自己的奇思妙想，展现了一个又一个崭新的创意。

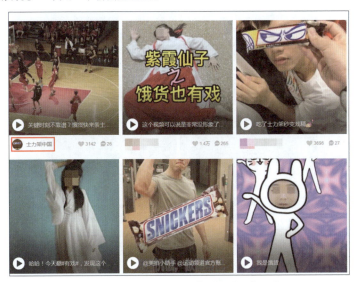

图12-28　美拍上的士力架"饿货也有戏"活动

12.2.4　视频互动，生动有趣吸引注意

短视频互动模式是一种比较常见的形式，其显著的特点在于可以让用户与短视频中的内容展开互动。用户只需轻轻点击手机屏幕上的图标就能够参与这种生动有趣的互动，而企业也可以通过这种方式进行短视频营销，用新奇有趣的内容来吸引用户的注意力。

图12-29所示为抖音App的内容界面，在界面的右边有几个图标，爱心图标♡代表对短视频

内容的赞赏；图标❤则是评论，用来发表自己的看法；箭头图标➡意味着由于喜爱短视频内容，对其进行转发。

图12-29 互动模式之"点赞"

如果想发表意见，点击评论图标❤即可，想转发则点击箭头图标➡，如图12-30所示。

图12-30 互动模式之"评论""转发"

12.2.5 效果分析，谨慎监测指导营销

在利用短视频进行营销的过程中，推广是很重要的组成部分，但对短视频营销效果的监测也不可忽视。下面笔者详细分析衡量短视频营销效果的因素。

1. 短视频播放量——大致判断营销效果

一般而言，在视频网站上观看视频时都会看到一个显示播放了多少次的具体数字，也就是固

定周期内视频文件的播放次数，视频播放量的大小决定了视频影响力的大小，同时也就间接影响了视频营销效果的好坏。此外，还有不少影响视频播放量的因素，如内容质量、投放时间、传播平台、播放频次等。

2. 用户观看反应——准确衡量营销质量

用户在观看视频时和观看完视频后对视频的反应同样也是衡量视频营销效果的重要凭据，具体形式包括如图12-31所示的几种。

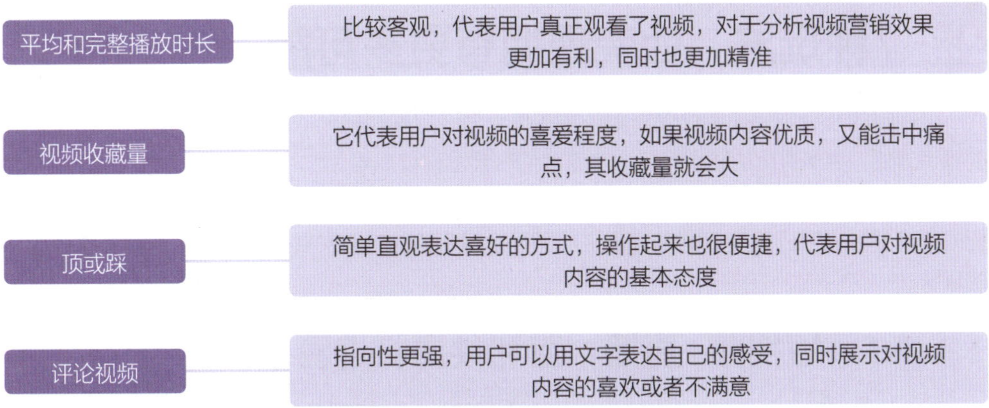

平均和完整播放时长	比较客观，代表用户真正观看了视频，对于分析视频营销效果更加有利，同时也更加精准
视频收藏量	它代表用户对视频的喜爱程度，如果视频内容优质，又能击中痛点，其收藏量就会大
顶或踩	简单直观表达喜好的方式，操作起来也很便捷，代表用户对视频内容的基本态度
评论视频	指向性更强，用户可以用文字表达自己的感受，同时展示对视频内容的喜欢或者不满意

图12-31 用户对短视频产生反应的具体形式

在分析视频评论的时候，需要关注两个重要的因素，一是视频评论的数量，二是视频评论内容的指向，究竟是好评多，还是差评多。这两者都是衡量视频效果的重要指标，因为在用户对视频做出的评价当中，既有表示赞赏和佩服的，也有表示对内容不满的。

3. 行动影响程度——后续测评营销结果

行动影响程度是指用户在观看视频后会衍生出一系列与视频相关的行为，那么，这些行为包括哪些呢？笔者将其总结了一下，如图12-32所示。

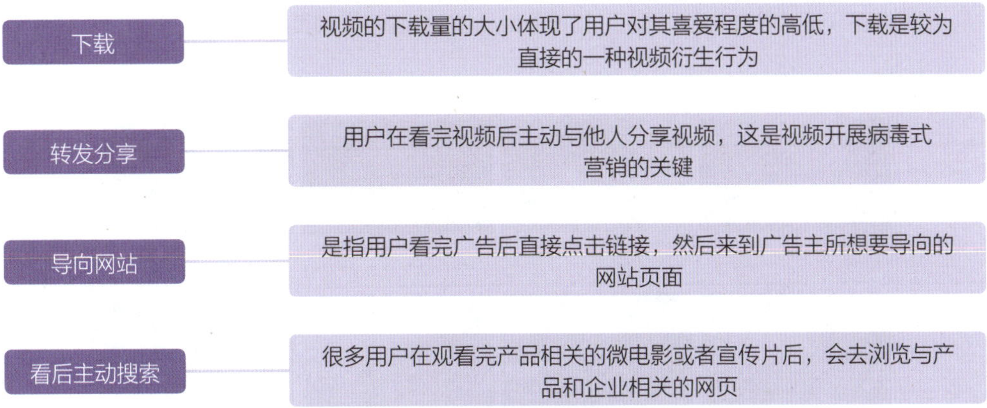

下载	视频的下载量的大小体现了用户对其喜爱程度的高低，下载是较为直接的一种视频衍生行为
转发分享	用户在看完视频后主动与他人分享视频，这是视频开展病毒式营销的关键
导向网站	是指用户看完广告后直接点击链接，然后来到广告主所想要导向的网站页面
看后主动搜索	很多用户在观看完产品相关的微电影或者宣传片后，会去浏览与产品和企业相关的网页

图12-32 观看视频后的行为

同时值得注意的是，用户在看完视频后进行搜索的这种行为也受到一些要素的感染，如品牌的影响力度加大、视频的内容足够优秀及视频富有创意等。

4. 视频拓展效果——深度权衡营销成果

对于视频效果而言，既包括在观看过程中产生的效果，也包括在观看完视频后产生的拓展效果。这种拓展效果虽然出现得不是那么及时，但它对企业的品牌、口碑树立的作用是无可替代的，主要包括品牌的认知度、品牌好感度、购买意向及品牌的联想度等。

12.3 7种玩法，让变现拥有更多可能

短视频的营销与变现不仅仅局限于它本身，为了挖掘短视频的赢利方式，还可以拓展更多的营销方式，更多有趣的短视频玩法等着我们一起发现和探寻。

随着时代的进步和技术的迅速发展，短视频的玩法也越来越多，越来越新颖，很多概念可能闻所未闻，但它们确实在崛起，甚至已经呈稳健的势头向前发展，本节将主要介绍这些新颖的玩法。

12.3.1 短视频+直播，互利共赢打造营销

随着互联网科技和视频相关技术的不断向前发展，一种新型的视频方式逐渐走进人们的视野之中，即视频直播。作为争夺粉丝和流量的有效工具，直播不但拥有视频的直观性特征，而且互动性和即时性更强，能够有效打破时间和空间的阻碍。直播是目前火爆的社交方式之一，同时也为企业的营销打开了一条新的道路。

直播的优势数不胜数，不仅传统的视频网站开设了此项功能，还出现了专门的视频直播平台。从2012年起，视频直播就开始慢慢兴起，直到现在它还在以稳健的势头发展着。目前，我国知名的直播平台有斗鱼直播、熊猫直播等，每个视频直播平台都有自己的特色，而且也凭借其强大的功能吸引了不少用户的关注并受到他们的喜爱。

值得注意的是，不少直播平台在发展的过程中不断扩大自己的内容范围，不仅仅局限于直播，而是向泛娱乐的方向发展，图12-33所示为斗鱼直播的短视频页面。

图12-33 斗鱼直播的短视频页面

直播平台之所以会开辟短视频的专区，是考虑到用户有时候可能会错过想看的直播内容，而且短视频更适合移动端的用户观看，碎片化的信息接受方式更受欢迎。

除了直播平台衍生的短视频板块，短视频平台也添加了直播的入口，这样做的目的是让流量最大程度地变现，同时也是为了丰富短视频平台的赢利方式，图12-34所示为美拍平台的直播界面。

图12-34 美拍平台的直播界面

"短视频+直播"的玩法是营销变现的必然选择，同时也为两者提供了更多的好处，即将短视频和直播的优势合而为一，达到双倍的营销效果。

12.3.2 短视频+自媒体，名利双收轻松引流

短视频自媒体一方面获得了关注和热捧，另一方面又赢得了利益和金钱，可谓名利双收。视频自媒体的发展得益于其与生俱来的优势，一是相对于图文形式的内容而言，视频内容更加直观，也更生动；二是因为视频内容接地气，让观众更容易接受。

当然，因为短视频自媒体门槛的降低，内容的日渐平易近人，各种为大众提供的展示平台也慢慢成长起来，图12-35所示为快手短视频平台和火山小视频平台的主界面。

图12-35 短视频平台

比较著名的短视频自媒体当数以搞笑幽默为特色的papi酱、以治愈温暖为主题的"日食记"及专注于介绍电影的谷阿莫，图12-36所示为谷阿莫在微博上发布的短视频内容。

图12-36 自媒体人谷阿莫发布的短视频

从互动的情况来看，谷阿莫的短视频内容赢得了不少用户的喜爱，引起了热烈的谈论，究竟是什么使得短视频自媒体这样火爆？笔者将原因总结了一下，如图12-37所示。

内容优质	无论是产品还是视频，都要注重内容的打造，优质的内容是吸引用户的保障
名人效应	由名人或者有影响力的人打造的节目往往更具号召力，可以扩大影响，发挥更好的宣传作用
权威平台	在权威的平台上发布自媒体短视频，会有强大的资源后盾，推广力度也更大
社交助力	在新浪微博、朋友圈、知乎等社交平台上广泛传播、引发热烈讨论，有利于引流

图12-37 短视频自媒体火爆的原因

12.3.3 短视频+电商，直观生动使人信服

现在，淘宝和天猫都推出了新的营销形式，那就是在页面中插入关于商品介绍的短视频，让用户可以更直观地认识到商品的外观、用法与各种细节问题。很多在淘宝购物的用户们都担心过商品的实物和图片是不一样的，毕竟图片是可以PS的。可是一旦商家将商品视频传到了网页上，买家就无须担心这个问题了。

无论是哪一种商家，短视频确实可以给用户带来最直观的产品演示，这一点毋庸置疑，所以现在关于产品介绍的视频开始越来越多，图12-38所示是淘宝中关于产品介绍的短视频。

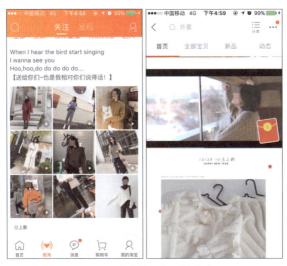

图12-38 淘宝关于产品的短视频

"短视频+电商"的玩法是短视频和电商的双重胜利,一方面有力推广了短视频内容,另一方面为电商平台吸引了更多流量,显而易见,短视频展示商品的模式更加直观,更容易让消费者信服,因此,"短视频+电商"是一种很有前景的营销形式。

12.3.4 短视频+跨界,整合资源塑造品牌

"短视频+跨界"的玩法是短视频平台兴起后的较为新颖的玩法,优势是整合平台资源,实现线上线下的品牌推广和营销。

以短视频平台"美摄"为例,2017年的北京时装周主办方以"美摄"App为平台,举办了"2017年北京时装周原创视频大赛",线上线下都有涉及,让北京时装周活动更接地气,通过短视频的方式表达出来,生动活泼。图12-39所示为"美摄"App上的北京时装周主办方发布的短视频内容。

图12-39 "美摄"App上的北京时装周内容

这次活动"美摄"与北京时装周主办方达成了成功的合作，不仅打响了"美摄"短视频平台的名气，而且还拉近了时装周与大众的距离，有利于商品的转化，让更多人熟悉时装品牌。而且这次活动也在微博上进行了宣传和推广，图12-40所示为话题活动的页面。

图12-40 微博上的"#美摄-2017北京时装周原创视频大赛#"话题活动

12.3.5 短视频+AR，新颖玩法惹人注目

AR，是Augmented Reality的缩写，意思是增强现实，它存在于现实与虚拟之间，是连接现实与虚拟的纽带。因此它提供的信息也是丰富的，不同于人们平常能够感知的信息。AR技术应用广泛，发展空间很大，目前已经涉足医疗、军事、航空航海、旅游、展览、教育、娱乐、游戏等领域。

"短视频+AR"是目前还没大热起来的一种玩法，但各大短视频平台早就窥到了这一契机，例如以音乐为特色的"抖音"App就曾推出过与"AR"相关的话题，吸引用户参与创作内容，如图12-41所示。

图12-41 抖音App上的AR话题

除此之外，还有专门打造"短视频+AR"的短视频平台，陌陌开发的哈你App就是一个典

型,它不仅提供了高清短视频的拍摄、动态拍摄防抖等功能,而且还有丰富的AR特效,帮助用户拍出创意短片。图12-42所示为App Store的哈你简介和登录界面。

图12-42 哈你App的简介和登录界面

虽然哈你App的AR功能相当强大,而且素材也比较丰富,但美中不足的是它的AR拍摄功能仅限于6s及以上型号的iPhone手机使用。

不过庆幸的是,笔者在不懈的探索之中又发现了一款支持AR拍摄的App,即视+小视频。视+小视频在2015年就已经上线了,当时的主要功能是"AR扫描",直到2017年5月才正式向短视频这个方向靠拢。它的优势在于支持几乎所有的机型使用AR拍摄短视频,图12-43所示为它的进入界面,简洁大方。

那么,具体要怎么使用视+小视频的AR拍摄功能呢?下面笔者将简单介绍其步骤。

步骤01 首先进入到视+小视频的主界面,如图12-44所示,点击界面正下方的"AR"按钮。

图12-43 视+小视频的进入界面

图12-44 视+小视频的主界面

步骤02 执行上述操作后，会跳转到AR的素材选择界面，如图12-45所示，选择较为合适的素材，然后进入到拍摄界面，如图12-46所示，它会提示你如何调节素材的大小、位置。

图12-45 素材选择界面　　　　图12-46 调节方法

步骤03 接下来，按照场景来布置选择好的素材，可以是一只可爱的小鸡，也可以是一棵美丽温馨的圣诞树，如图12-47所示，布置完成后即可基本完成AR拍摄。

图12-47 AR拍摄效果

"短视频+AR"的玩法虽然还没有风靡起来，但这确实不失为一个好的创意。当自媒体人想要通过短视频赢得更多的粉丝关注时，就可以使用这个方法；如果企业想要通过短视频传递品牌理念，也可以利用"短视频+AR"的模式更轻松地达到效果。

12.3.6 短视频+VR,身临其境难以自拔

VR,即Virtual Reality的缩写,也就是虚拟现实。它是AR的分支,可以创建出让用户身临其境的感觉,是一种模拟环境技术。它的应用范围很广,如医学、娱乐、教育、航空航天、室内设计、工业仿真等领域都可以借助VR技术。

目前全力打造"短视频+VR"这一玩法的短视频平台不多,而且很多用户也没有意识到VR技术的作用和优势,但也有一些企业已经看到了它的前景,打造出了比较优质的内容和平台。图12-48所示为致力于让用户体验VR技术的视频平台3D播播的主界面和"发现"界面。

图12-48 3D播播主界面和"发现"界面

从图12-48中可以看出,3D播播的主要内容集中于全景和影视,而且还将平台与商城相结合,实现引流,进而引导用户购买相关商品,达到变现的目的。而且,值得注意的是,由于平台主打VR技术,因此还专门开辟了"巨幕"板块,以供想要享受优质观看体验的用户使用,如图12-49所示。

图12-49 3D播播的巨幕界面和设备选择界面

当用户在观看短视频的时候，界面中就会弹出VR眼镜的相关信息，引导用户产生购买行为，享受更为舒适的观影体验，如图12-50所示。

图12-50 短视频的播放界面

> **专家指点**
>
> "短视频+VR"的玩法还有待进一步地研究和深化，虽然目前很多用户还没有对其产生兴趣，但它的潜力是巨大的。只要用在适当的平台上，选择合适的素材，等到时机到来，相信这一玩法会成为大势所趋、人心所向。

12.3.7 短视频+H5，完美结合助力营销

"H5"即HTML 5，也指一切用H5语言制作而成的数字产品，通俗点说，就相当于移动端的PPT，常用于微信中。

而"短视频+H5"的玩法也是"H5"本身的特质之一，由于短视频与图片、文字不同，它不能够随意造假，相对而言是一个比较真实的展示企业信息的媒介。因此"H5+短视频"如果具备以下几个特征，就能够吸引顾客的目光，从而使其深入到企业的内涵之中，对企业的方方面面有个比较直接的了解，如图12-51所示。

```
                         ┌─ 质感良好、吸引眼球的画面
   H5+短视频  ── 具备特征 ─┼─ 和谐、适合场景的背景音乐
                         └─ 清晰的字幕和特别的音效
```

图12-51 H5视频内容需要具备的特征

没有一个企业是不想向顾客展示自己的完美形象的，因此他们可以通过"短视频+H5"的方式对产品、服务进行介绍，这样的效果更具说服力，能够使得顾客更加相信企业，从而有力地推动产品的销售。

视频互动主要是通过在H5页面中植入短视频来宣传产品并与用户互动。例如，在宝马M2即将上市时，宝马团队打造了一个全新的H5短视频，采用了全新的创意，当天传播量即达2 000万次，如图12-52所示。

这个短视频在创意上以炫酷的新车预售宣传吸引眼球，突出产品亮点，曝光品牌，在策划上用H5+TVC视频的技术实现，H5负责交互+静态展现，TVC负责动态炫酷展现。

图12-52 "短视频+H5"的宣传页面